基于语义资源和认知视角的隐喻识别与应用

张冬瑜　著

科 学 出 版 社
北　京

内 容 简 介

隐喻在人类语言中占有重要地位，是认知语言学研究的核心问题之一。隐喻识别旨在赋予计算机像人类一样分析隐喻的能力，是人工智能领域一项富有挑战的研究课题。本书在语义资源建设的基础上，探索名词性隐喻和动词性隐喻的自动化识别技术，并尝试将隐喻识别技术应用于不同的自然语言处理任务，包括基于隐喻的写作水平评估、基于隐喻的心理疾病诊断等，以探索隐喻识别方法在不同应用场景中的模式和范例，推动隐喻识别及其应用技术的研究进展，改善计算机的智能水平。

本书可供语言学、认知科学、计算机等相关领域，以及关注隐喻研究和自然语言处理技术的科研人员参考，也可供对人工智能学科交叉领域感兴趣的师生阅读。

图书在版编目（CIP）数据

基于语义资源和认知视角的隐喻识别与应用/张冬瑜著．—北京：科学出版社，2019.12

ISBN 978-7-03-063704-8

Ⅰ．①基…　Ⅱ．①张…　Ⅲ．①隐喻－研究　Ⅳ．①H05

中国版本图书馆 CIP 数据核字（2019）第 283453 号

责任编辑：杨慎欣　常友丽 / 责任校对：彭珍珍
责任印制：吴兆东 / 封面设计：无极书装

科学出版社出版
北京东黄城根北街 16 号
邮政编码：100717
http://www.sciencep.com

北京中石油彩色印刷有限责任公司印刷
科学出版社发行　各地新华书店经销
*
2019 年 12 月第 一 版　开本：720×1000　1/16
2021 年 1 月第二次印刷　印张：9
字数：181 000

定价：99.00 元

（如有印装质量问题，我社负责调换）

前　言

隐喻是用来描述和理解抽象概念的主要手段，它不但是一种语言现象，也是一种认知方式，对它的研究成为认知语言学的核心问题之一。近年来，随着推特、微博、论坛等社交媒体的迅速崛起，隐喻文本出现在更加多元化的平台上，得到了更广泛的关注。隐喻识别是自然语言理解中的重要环节，对于机器智能的提升至关重要，如何有效识别自然语言表达中的隐喻是本书关注的焦点，也是当前研究亟待攻克的难题。由于隐喻表达的复杂性和多样性，面临的问题和挑战主要包括以下几点。

（1）文化差异问题。隐喻在不同语言和文化中存在显著的差异。语言学家对于隐喻在不同文化中的形成机制以及相似性和差异性做了大量研究，但目前这些研究成果并没有广泛应用于隐喻计算研究中。因此，利用语言学与心理学研究成果，充分考虑情感隐喻在不同文化中的差异性，建立具有适用性的隐喻计算模型是一个新的课题。

（2）研究方法问题。目前隐喻研究仍较为依赖语义关系，基于机器学习的方法主要通过在海量语料中“学习”得到相应的模式或规则，对隐喻进行识别，但是缺乏对隐喻的“理解”，缺乏先验知识引导，识别的精度不理想。随着深度学习的兴起，通过深度学习技术对语料中的隐喻知识进行“提炼”，可以更好地辅助计算机理解隐喻，以指导计算机更为准确地识别隐喻，实现隐喻的可计算化。

（3）隐喻应用问题。隐喻是思维的工具，是人类对于事物认知和内在联系的体现。因此，对于隐喻应用的研究具有十分重要的意义。但是目前科学界对于隐喻应用的研究仍然停留在浅层，没有完全体现隐喻本身的价值。随着自然语言处理技术的不断发展，通过隐喻来识别人类心理健康水平、通过隐喻情感判断人类的创造力水平等都是隐喻应用可能的方向，对于提升计算机智能、人机对话、情感计算等方面具有非常重要的意义。

针对上述问题，本书在构建隐喻语料库的基础上，展开隐喻识别研究，并探索隐喻识别在不同场景中的应用模式和范例，即从“资源建设”到“识别”，再到“应用”的研究框架。主要内容如下。

（1）在汉语隐喻语义资源建设方面，设计了基于认知语言学理论的标注框架以及有效、规范、合理的质量监控体系；构建了大规模的中文隐喻语料库；提出了基于标注者画像的隐喻标注个性化方法，依据标注者的个性化特征和标注历史数据分配标注任务，同时采取“小众任务优先分配”策略，以保证“小众”任务的标注质量。实验结果表明所提出的标注方法可以有效地提高隐喻标注质量，为隐喻识别提供必要的语义资源。

（2）在隐喻识别方面，提出了基于 BERT 与 Transformer 模型的名词隐喻识别方法，使用 BERT 模型替代词向量，在语义表示中同时包含词与词之间的位置关系等信息，利用 Transformer 模型进行特征提取并通过神经网络分类器进行识别。此外，提出了基于同义词词林和注意力网络的动词隐喻识别方法，改进词向量，使其融合同义词词林的语义信息，包含词语抽象度等信息。构建了一种基于主谓宾句子结构信息的动词隐喻 Attention 网络，使得 LSTM 充分考虑到全局结构信息。实验结果表明所提出的隐喻识别方法超过了现有基于人工特征的分类模型及主流深度学习模型。

（3）在隐喻应用研究方面，提出了基于隐喻的创造力与心理健康评估模型。首先，在隐喻识别的基础上，融合情感等特征，评估学生作文的创新性，在此基础上的写作自动评估系统可以更全面、更深入地评估写作质量，进而提高写作评估系统的有效性。其次，在识别出隐喻句的基础上，结合上下文特征和大学生心理测评报告结果，构建大学生心理健康问题预测模型，进而完成基于隐喻的大学生心理健康评估。实验结果表明所提出的方法能够有效地进行创造力和心理健康评估，本书对基于隐喻特征的写作自动评价和心理健康状态评测进行了有益的尝试。

本书得到国家自然科学基金青年项目（项目编号：61602079）、教育部人文社会科学基金一般项目（项目编号：16YJCZH141）的资助，在此表示衷心感谢。

张冬瑜

2019 年 9 月于大连

目　　录

主要符号表

符　号	代表意义
NLP	自然语言处理
NSM	自然语义元语言
CNKI	中国知网
GBDT	梯度上升回归树
Gini	基尼指数
MSE	均方误差
MAE	平均绝对误差
R^2	决定系数
DBi-LSTM	深度双向长短期记忆网络
TP	真正例
FP	假正例
TN	真反例
FN	假反例
PCA	主成分分析法
RSW	相关句子向量
RDW	相关文档向量
NN	神经网络
CNN	卷积神经网络
LSTM	长短期记忆网络
CapsNet	胶囊网络模型
BERT	Transformer 的双向编码器表示
LR	逻辑回归
SVM	支持向量机
Bi-LSTM	双向长短期记忆网络
Word2Vec	词向量
Context Vector	上下文向量
Attention	注意力机制
Att-BLSTM	带有 Attention 的双向 LSTM
Acc	准确率
P	精度
R	召回率
F	评估指标 F-score
ADAM	自适应力矩估计

1 绪　　论

1.1 研究背景与意义

隐喻是用来描述和理解抽象概念的主要手段，它不但是一种语言现象，也是一种认知方式[1]。人们常常使用简单的、具体的、熟悉的概念去描述和解释那些复杂的、抽象的、未知的概念，从而形成概念并用以体验和认知世界。例如，“时间就是金钱”，人们使用“金钱”这个普遍、熟知的概念去描述抽象概念“时间”具有“宝贵”的特性。隐喻的本质是利用某一领域的体验去解释另一个领域的认知行为，是从一个域（源域）到另一个域（目标域）的映射[1-2]。隐喻识别旨在赋予计算机像人类一样分析隐喻的能力，是一项极其重要并且富有挑战的研究课题[3]。

西方隐喻研究最早可以追溯到古希腊时期，英文“metaphor”（隐喻）一词就来源于希腊语“metaphorá”。隐喻在这一时期被认为是一种修辞方式，是“用一种事物谈论另一事物”。修辞论的中心地位在 20 世纪三四十年代被打破，以 Richards 为代表的学者提出了“互动论”，标志着隐喻逐步由修辞观向语义观的转变。直到 20 世纪 80 年代，随着现代认知科学的迅速发展，隐喻研究进入了一个崭新的时期：认知阶段。其中以 Lakoff 和 Johnson 的概念隐喻理论影响最为深远，他们建立了隐喻认知本质的理论基础，推动了隐喻研究从语义到认知角度的转变，带动了包括语言学[4-5]、心理学[6-7]、神经科学[8-9]、计算机科学[10-11]等各学科隐喻研究的蓬勃发展。近年来，隐喻计算得到了顶级国际会议、期刊和组织机构的关注。例如，国际著名的计算语言学协会（Association for Computational Linguistics，ACL）从 2012 年起主办了关于自然语言处理技术下隐喻计算模型专题研讨会，收录了关于隐喻语料标注、隐喻计算模型以及隐喻语义特征提取等研究成果。另外，一些自然语言处理的著名国际会议，如自然语言处理实证方法（Empirical Methods in Natural Language Processing，EMNLP）会议、计算语言学国际会议（International Conference on Computational Linguistics，COLING）以及人工智能领域的美国人工智能协会（American Association for Artifical Intelligence，AAAI）、情感计算与智能交互（Affective Computing and Intelligent Interaction，ACII）会议等最近几年都出现了隐喻计算相关主题研讨会。

我国对于隐喻的关注同样历时悠久，早在两千多年前的春秋时期，《诗经》作为第一部诗歌总集就提出了“比”和“兴”的隐喻现象。长期以来隐喻一直作为一种修辞手段，没有形成独立的研究领域，更没有形成系统的理论框架。这种情况持续到 20 世纪，随着西方隐喻理论进入我国，我国学者开展了隐喻的本质、分类、认知机制、中西对比等多方面定性的研究[12-13]。近年来，微博、论坛、贴吧等社交媒体提供了分享个人观点、发表评论、在线评价等越来越多的功能，相关的中文隐喻数量便随之激增，得到了更广泛的关注，也出现了隐喻定量研究的成果和论文[14-15]。

（1）隐喻普遍存在于人类语言中。隐喻在自然语言中出现的频率非常高，每三句话中就可能出现一次隐喻表达[16-17]。近年来，随着推特、微博、论坛等国内外提供用户评论功能、发表个人观点的网络媒介迅速崛起，与产品服务、热点事件、社会舆情等相关的隐喻文本出现在更加多元化的平台上，得到了更广泛的关注。在这种情况下，人们迫切需要自然语言处理和人工智能的技术方法来处理海量的隐喻信息。隐喻作为“非字面义”的代表，不仅涉及大量语言学知识，而且与认知科学和心理学密切相关，因此受到不同学科研究者的广泛关注，近年来在自然语言处理领域已逐渐成为一个重点研究方向。尤其随着人工智能的蓬勃发展，如何让计算机更为深入地理解人类语言，让计算机真正明白语言表达的内涵，实现人与计算机深层次的交流，需要有效的隐喻识别技术作为支撑。这将有助于改善诸如人机对话、机器翻译、阅读理解和情感分析等自然语言处理任务的效果，有助于提高人工智能在自然语言理解方面的水平，有助于实现在人类认知领域更高层次的智能。

（2）隐喻是人类认知的核心问题。按照 Lakoff 等的解释，隐喻是思维问题，不仅仅是修辞方式，更是一种认知手段，指人们获得知识或应用知识的过程，它是信息加工的过程，是人的最基本的心理过程[1]。从认知的视角有助于从概念间的映射和迁移来解释隐喻的本质及其属性。具体地说，人们在词汇与相关知识缺乏的情况下经常使用隐喻，即用简单、具体、熟悉的事物去描述和理解复杂、抽象、未知的事物。例如，在隐喻句“经验是一座金矿”中，“金矿”这个较为具体、普遍的事物被用来描述抽象概念“经验”具有“珍贵”的特性。从本质上讲，隐喻是一种思维方式，是利用具体、熟知的概念去理解和构建抽象、复杂概念的过程，即从一个概念域（源域）向另一个概念域（目标域）的系统映射。传统的自然语言处理技术往往局限于获取文本表达的字面含义，缺乏认知语言学的指导，忽略了其认知功能，因此很难准确把握隐喻所要表达的“言外之意”。

（3）隐喻是自然语言理解的“瓶颈”问题。隐喻作为“非字面义”的代表，其特殊的隐式语义表达一直是自然语言处理精度提高以及更加广泛、深入发展面临的重大挑战之一，其研究对于自然语言处理领域的许多智能应用系统性能提升都具有十分重要的意义。例如，隐喻的翻译是机器翻译棘手的问题之一。目前句子层面的机器翻译主要采用直译的方法，其结果和人工翻译具有很大差距。根据 Shutova 等[18]的研究，机器翻译系统对于隐喻表达翻译的准确率很低，其中 44% 的译文不正确，严重影响了机器翻译的性能。例如，“她是父母的掌上明珠”这个隐喻句的百度翻译结果是“She is a pearl in the palm of parents”。由此可以看出，直译的翻译方式不能翻译出像“She is the apple of her parents’ eye”这样地道的译句。其根源在于计算机对复杂语言知识和规律认识有限。另外，隐喻的认知还与语言、文化和风俗密切相关，不同语言对于同一概念往往具有不同的隐喻表达方式。例如，对于隐喻句“She devoured his novels”，若将动词“devour”直译为“吞噬”会导致句子含义的显著变化；对于中文短语“热锅上的蚂蚁”，若直接将其翻译为英文“Ants on a hot pot”，则译文与西方文化不符，造成理解障碍，其实这句话与短语“a cat on hot bricks”更为相似。再如，同样描述“大量出现”的语义，汉语经常使用“似雨后春笋”，而英语却常常用“like mushrooms”（像蘑菇一样）来表达，这给机器翻译带来了巨大的挑战[19-20]。

综上所述，隐喻的普遍性、认知性以及歧义性决定了隐喻研究在自然语言处理中的重要地位。从广度上讲，隐喻识别扩展了计算机的语言智能；从深度上讲，隐喻识别属于人类认知思维领域更高层次的智能，有利于实现更加顺畅的人机交流。如果隐喻的识别问题不能很好地解决，就会严重影响自然语言的理解以及智能应用系统性能的提升。因此，隐喻识别是迫切需要解决的研究问题，具有极其重要的理论和实际应用价值。

1.2 国内外相关工作研究进展

当前隐喻识别研究刚刚起步，作为自然语言理解的重要环节，吸引了大量研究者开展相关研究。本书对于目前国内外相关研究工作展开综述：从相关的理论基础出发，从资源建设、隐喻识别、应用模式三个方面梳理、分析隐喻的研究进展。

1.2.1 理论基础

1. 概念隐喻理论

概念隐喻理论框架包括隐喻本质、工作机制等方面。概念隐喻理论是从认知角度对隐喻的研究，以 Lakoff 等在 1980 年出版的 *Metaphors We Live By* 为代表性成果[1]。Lakoff 等认为隐喻是一种认知方式，用形象具体的事物去理解、认知抽象事物，即用已知概念理解未知概念的认知过程，其工作机制是从已知概念域（源域）到未知概念域（目标域）的映射过程[21]。具体地说，在认知过程中人类会遇到许多难以理解的复杂概念，需要通过隐喻的方式将其他已知概念用于对复杂的未知概念的解释。

隐喻的认知观与以往语言学中的另外两大学派——结构主义和转换生成理论具有明显的不同。结构主义强调语言形式的重要性，关注语言系统结构的语义作用，而忽视了语言要素和语义互动等因素。转换生成理论实质上是一种“客观主义”，它重视神经系统和心理机制对语言的作用，而低估了语境等社会因素和情感、认知等主观性。具体地说，需要通过对源域、目标域以及两者之间的映射来观察和描述隐喻，还要重视语言、文化等多维角度。语义描述体系需要以隐喻的本体、喻体以及两者之间语义互动过程中的相似性即喻体凸显的语义特征（称为“喻底”）为主体。

2. 自然语义元语言理论

与概念隐喻理论一样，自然语义元语言（NSM）理论也是从认知语言学角度对情感隐喻的研究，探讨了存在于各种语言中普遍适用的情感隐喻描写模式。该理论创建于 20 世纪 70 年代，由波兰语义学家 Wierzbicka 提出[22]。NSM 理论构建的语义分析体系对语言具有普遍、广泛的解释和描写能力，在当今语言学领域具有十分深远的影响。Wierzbicka 的理论起源于理性主义哲学思想[23]，认为语义在认知过程中承载着不同的文化特征，因此只有运用那些人类共有的普遍概念，才能对那些抽象、模糊和不确定的语义特征做出客观的解释。因此，NSM 理论框架具备了对主观、模糊、思维性的隐喻进行描述的能力，不仅可以解释隐喻语言内部的语义特征，还可以用以解决跨语言的隐喻理解，使用人类共有的普遍概念对蕴藏在不同文化下的隐喻加以诠释[24]。具体地，NSM 理论使用词汇描写概念，并在此基础上创建了语义描写工具“语义基元”（semantic primitives）。语义基元是词或者短语等简单的语言表达式，是跨越于文化的，能够表达语言中最简单、最基本意义的语义核心，例如“say”“time”“good”“there is”等。目前经过包括跨语言研究在内的反复验证，已经形成了 60 多个语义基元[25]，其中还包括诸如“good”“bad”“the same”等抽象、模糊的主观性基元，这也形成了 NSM 理论区别于其他以客观语言为基础的语义分析理论的独特之处。

NSM 理论为语料库建设中情感隐喻表达的特征描述（或称语义形式化描述）提供了理论指导。“化简释义”是 NSM 理论最基本的研究方法，即在语义分析过程中采用自然语言中基本、简单并具有广泛适应性的词汇解释语义概念。在隐喻语料库的语义标注中，对带有标注者强烈主观判断的喻体的描述中，遵循 NSM 的理论指导，尽量使用简单、基础的词汇来描述，如名词性、动词性或形容词性的单词或者短语。例如，在隐喻句“他的理论站不住脚”中，使用“不可靠”这个词语对喻底进行解释标注。这样的语义特征描写简洁方便，并且有利于今后的英汉隐喻跨语言语义研究。

3. 情感隐喻理论

情感建立在人类体验的基础上，是认知过程中重要的组成部分[26]。然而情感抽象且丰富，诸如喜、怒、哀、乐等情感很难表达与描述。在这种情况下，人们常常把情感隐喻化，使用隐喻描述与表达抽象的情感。例如“怒发冲冠”“跑断腿”“眉开眼笑”“I’m six feet off the ground”等。因此，以人类经验为前提的情感隐喻是将抽象、模糊情感概念化的主要方式。情感隐喻主要分为两类：一类是情感的隐喻构建，即用隐喻观察、传递、构建情感，隐喻并不是对某种情感的直接描述，例如“这是部让我这辈子都不想再进电影院的电影”；另一类是情感的隐喻表达，即用隐喻描写情感状态和情感行为，例如“She got red with anger”。

人类具有很多共同的生理机制和心理体验，因此以人体体验为基础的情感隐喻在不同语言中具有相似的概念映射系统[27]。例如，英语和汉语都存在以“体温下降”作为“恐惧”情感的隐喻，因此出现了“她的话使他不寒而栗”“他吓得手脚冰凉”“The story chills my blood”等隐喻表达。研究显示，人类语言分享着很多基本相同的情感概念隐喻[26]。语言学家 Kövecses[5]在对多种语言大量分析的基础上，对情感隐喻共性以及跨语言与文化的多样性进行了广泛深入的研究，依据心理状态概括总结了体温变化、皮肤颜色（状态）变化、身体动作等七大类基本情感概念隐喻。

1.2.2 隐喻语料库构建研究

隐喻的“非字面义”决定了它对语义知识的强依赖性，语义资源建设是隐喻识别的基础。只有在大规模、高质量语义资源支撑下，情感隐喻研究才能更加深入、广泛地进行。目前国外隐喻资源建设大致上能够传承和借鉴，在标注体系设计和语料采集加工等方面比较全面和完善。构建中主要以概念隐喻理论为指导，采用人工或人机结合的方式，从概念和词汇两方面提供了源域、目标域、字面义、隐喻义等隐喻映射的分析和标注。在语料采集、标注、语义分析等方面取得了影响力较大的研究成果。本节对相关研究加以回顾。

1. Master Metaphor List

Master Metaphor List（MML）[28]是一个以情感和心理为主要研究的隐喻数据库，包括 203 个隐喻映射以及对应的隐喻实例。数据库中的映射以本体的方式组织（例如，隐喻“anger is hot fluid in a container”是更加普遍的隐喻“anger is heat”的特殊示例），从出版文献、在线论坛以及学生作文中收集隐喻实例，手工编辑而成。

数据库包括心理事件（mental events）、情感（emotions）、事件结构（event structure）和其他（others）四个隐喻范畴。在此范畴下根据隐喻的目标域划分为 69 个词条以及词条下的 203 个隐喻类别及映射。例如，在情感（emotions）隐喻范畴中，共有愤怒（anger）、爱（love）等六个词条。词条下的隐喻类别又包括源域、目标域、例句和注释，个别类别中还有特殊情况下的子类别（special sub-case）。在词条“EMOTION”下的“EMOTIONAL STABILITY IS CONTACT WITH THE GROUND”类别示例如图 1.1 所示。

EMOTION
EMOTIONAL STABILITY IS CONTACT WITH THE GROUND
She has her feet on the ground
Don't let yourself get dislodged/disconnected
He felt uprooted
She's drifting
I'm up in the air
He's treading water
I've just had the rug pulled out from under me
She's flipped
Source domain: contact ground
Target domain: emotion stability
Note:
Inherits STATES ARE LOCATIONS, coherent with GOOD IS UP, EMOTIONAL STABILITY IS BALANCE, and EMOTIONAL STABILITY IS MAINTAINING POSITION
Bibliography: J. Long(185,'89), Alan Schwartz

图 1.1 词条示例

该示例由六个部分组成。首先是词条“emotion”下的隐喻类别“emotional stability is contact with the ground”，然后列出了 8 个例句以及此类隐喻的源域（source domain）和目标域（target domain）。注释对此类隐喻的来源和相关类别进行了解释说明，最后列出参考书目。

MML 以概念隐喻理论为指导，对隐喻进行了较为清晰、系统的分类与解释，是较容易理解的概念隐喻资源。因此，大量隐喻计算研究以 MML 为基础展开，同时很多隐喻数据资源在建设中都借鉴了 MML 的理论和方法，其中包括 MetaBank、METALUDE、Hamburg Metaphor Database 等有影响力的隐喻数据库。但是 MML 中映射的理论框架并不明晰，仅仅根据专家的直觉建立隐喻概念，缺少充足的词汇证据证明其重要性。另外，MML 隐喻的目标域概念中只包含了最基本类别，虽然源域概念相对较多（34 个），但是划分层级过于粗略。

2. METALUDE

METALUDE[29]是一个包括 9000 多个词条的英语隐喻在线交互语料库。与 MML 相同，METALUDE 也是以概念隐喻理论为基础，根据源域和目标域来排列和组织语料库中的隐喻。其语料主要来源于 *Collins COBUILD English Dictionary*、*The Oxford English Dictionary*、*Cambridge International Dictionary of English* 等英语词典。METALUDE 最大的特点是其收集的隐喻都是已经固定的、词汇化的隐喻，这点与 MML 凭借知觉的隐喻研究完全不同。METALUDE 根据词汇学理论对“词汇化隐喻”制定了严格的识别标准：所收录词汇必须在当代英语词典中有隐喻义项出现，收录的隐喻基本类别出现在词典中的词汇数目不能少于六个，并且这些词汇在 Cobuild Bank 英语数据库中出现的频率至少要达到 200 次。

METALUDE 把隐喻目标域分为六个基本类，源域分为四个基本类，此外目标域和源域还包括不同层级的子类别。

目标域六个基本类分别是：

（1）价值、数量、质量（values,quantities,qualities）；

（2）情感、经验、关系（emotions,experience,relationships）；

（3）思维、言语（thinking,speaking）；

（4）活动、运动（activity,movement）；

（5）人类、人类感知、社会（human,senses,society）；

（6）事物、物质（things,substances）。

源域四个基本类分别是：

（1）事物和物质（things,substances），包括物体、植物、物质、金钱、液体、食物等；

（2）人体、动物和感觉（human body,animal,quantities）；

（3）活动和运动（activity,movement）；

（4）位置和空间（place,space）。

例如，“情感是空间”就是源域与目标域基本类别构成的概念隐喻，此概念下又包括源域为“上下”的四类情感隐喻“情感是高”“高兴是高”“伤心是低”“平静是平衡”以及相应的例句。如图 1.2 所示，坐标的列是目标域基本类，坐标的行是源域基本类。每个隐喻类别下又包含若干词条，词条由字面义、隐喻义、词性、实例等信息组成。

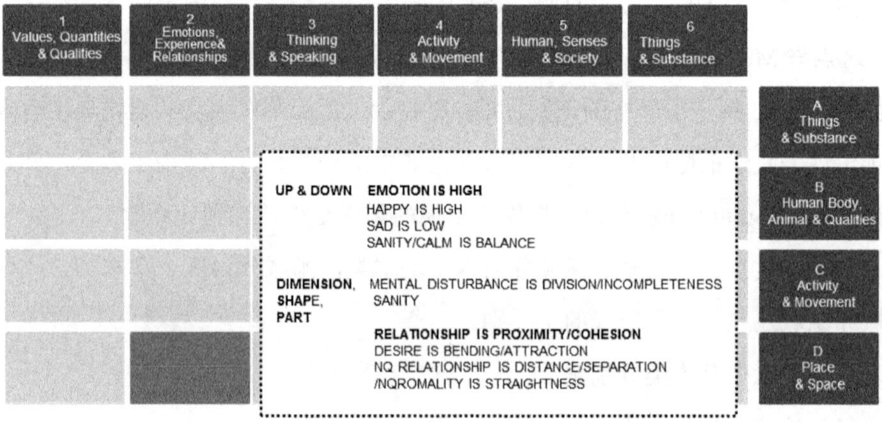

图 1.2　METALUDE 的源域和目标域的基本类

METALUDE 从概念和词汇两个层次标注了语料，对隐喻的源域和目标域进行了较为细致的划分，并且词条的字面意义和隐喻意义都有中文标注，非常有利于中英隐喻对比研究以及面向中国学生的英语教学。但是，METALUDE 忽略了隐喻的语义网络，导致隐喻类别的选择和划分还不够系统。并且由于该语料库的构建目的之一是帮助英语学习者的词汇学习，所以规定每个基本类比所辖的词条不超过 50 个，这样就不得不减少一些类别中具有价值的词条。在这种情况下，各类别下词条的数量设置也不够完善。

3. Hamburg Metaphor Database

Hamburg Metaphor Database（HMD）[30]是一个包含了 1656 个隐喻实例的法、德双语隐喻知识库。语料主要来源于一些特定领域的报纸等媒体资源，从概念和词汇两个方面进行语料标注。其中的概念隐喻标注部分以 MML 为基础并加以扩充，使用 WordNet 数据库作为词汇标注的资源。HMD 建设项目从 2002 年开始，初期 160 多条实例由汉堡大学的硕士研究生手工编辑，按照概念隐喻的基本框架对法语和德语隐喻源域和目标域进行了对应的翻译和标注。

HMD 起初的目标并不是为自然语言处理提供数据资源，而是用于社会语言学的研究。后来 HMD 在隐喻实例概念标注的基础上增加了词汇标注，并开发了自动标注技术，获取 1000 多条新增隐喻实例，并逐渐发展为主要服务于隐喻计算的语料资源。

HMD 的标注结构如图 1.3 所示。从图中可以看出，HMD 标注了隐喻实例的来源信息，包括语料库中书籍、刊物的作者、标题、卷号、页数、出版日和文件名，以及文章来源信息的作者、标题、年份地址、出版者等信息。给隐喻句进行编号，并标注语言类型、实例、隐喻词、隐喻意义、字面意义、源域和目标域。其中源域和目标域的标注使用了两套标签，一套是根据 MML 的概念隐喻建立的英语标签，另一套是对应的德语或者法语标签。

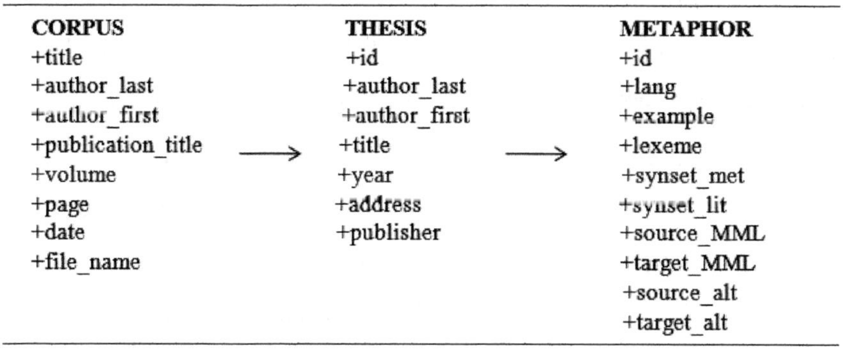

图 1.3　HMD 的标注结构

HMD 使用德语和法语语料建设资源，是隐喻资源建设跨语言研究的代表。但是由于文化等原因，概念隐喻在不同语言中存在着不对应的问题。例如，HMD 构建中发现，德语的概念域标签有时会比英语的 MML 更加具体，甚至有时候在德语语料库中发现的隐喻概念在 MML 中根本不存在。尤其对于表述社会团体的概念较为常见，例如，德语的概念隐喻“政党是家庭”在英语的 MML 数据库中并不存在。

4. VU Amsterdam Metaphor Corpus

作为BNC Baby语料库的子库，VU Amsterdam Metaphor Corpus（VUAMC）[31]是目前规模最大的手工标注隐喻语料库。它在2010年10月完成语料标注，包括新闻文本、学术文本、小说和会话四种体裁，规模达到200000个英语单词，该语料库从语言角度对隐喻词汇进行了标注，并没有涉及隐喻概念标注。按照隐喻标记词（例如like、as等）的有无对语料库中的隐喻进行分类和组织，并把“拟人”单独列为一项隐喻类别。

VUAMC已经广泛应用到隐喻计算的研究中，并对俄语等其他语言的隐喻语料库标注起到了指导作用。其中的隐喻识别程序MIPVU降低了隐喻识别中的主观性，也得到了广泛的应用。但是研究仍然停留在语言层面上，并没有对隐喻在概念层面上的识别给予关注。

Language Computer Corporation（LCC）隐喻数据集由Mohler等[32]在2016年正式发布，是包含四种语言的大型隐喻资源。数据集由九名标注者耗时三年完成，标注了多种语言的隐喻等级、源域和目标域之间的映射以及情感的极性和强度。该资源包括188741个英语单词，159915个西班牙语单词，99740个俄语单词的和137186个波斯语单词，涵盖新型隐喻、常用隐喻和字面用法。LCC由于其巨大的规模和多种标注信息，广泛应用于多种语言的隐喻和情感相关的研究当中。

Parde等[33]的语料库建设工作围绕隐喻的新颖性展开。他们在VUAMC隐喻标注基础之上进行了隐喻新颖性的标注，主要方法是从VUAMC中提取英文隐喻词对（word pair），并确定其新颖性。该资源收录了18439个英语词对，每个词对有对应的新颖性评分，从0（非隐喻的）到3（高度新颖的隐喻）。此数据集填补了隐喻新颖性资源的空缺。

Klebanov等[34]对隐喻数据进行了文章级的标注，用以探索非英语母语作者的文章质量与隐喻使用之间的关系。他们从ETS（美国教育考试服务中心）英语文章语料库中提取数据，共八个主题，每个主题抽取 5 篇，分别由母语为日语、意大利语、阿拉伯语且外语能力为中上的作者书写的议论文，共 240 篇，并对其中隐喻用法的词语进行标注。该资源是建立在学生写作基础上的隐喻数据集，在文章级别的隐喻识别以及二语教学方面可以提供帮助。

国内隐喻资源研究仍处于起步阶段，仅在构建方法或小规模建设方面进行了尝试。例如，Jia 等[35]分析了隐喻在知识库中的表达方式以及隐喻词典的构建方法。厦门大学在对隐喻现象进行深入挖掘分析后，研制并公布了面向隐喻计算的汉语隐喻语料库[36]。

1.2.3 隐喻识别研究

隐喻识别相关研究尚处于探索阶段，对词汇特征关注较多，主要以识别本体和喻体之间的语义矛盾冲突作为总体思路。隐喻表达通常包含三个元素，分别是本体、喻体和喻底。本体是指隐喻具体描述的对象，通常是客观存在的事物；喻体是指隐喻表达中将本体映射为的某一事物，通常喻体和本体具有一些共同的属性；喻底是指隐喻所传达的深层含义，该含义通常是由本体和喻体的共同属性来刻画。情感隐喻识别的一方面是识别出隐喻的本体、喻体以及喻底，另一方面要从喻底中挖掘隐喻表达所传达的情感信息，进而对情感信息进行全方位的综合分析。

目前隐喻识别方法包括基于语义知识和基于机器学习两种主要方法。基于语义知识方法的基本思路是把隐喻知识和规则形式化为语义分析器，可以对输入隐喻进行分析和理解。基于机器学习的基本思路是从大规模语料资源中“学习”领域知识，从而进行情感隐喻识别或实现以源域与目标域间相似度计算为基础的隐喻理解。早期研究中基于语义的方法较多，近 10 年来随着机器学习的飞速发展，基于机器学习的方法在情感隐喻计算中得到了较快的发展。下面对主要工作加以回顾。

1. 基于语义知识的方法

Fass[37]是较早对隐喻文本识别技术进行研究的学者之一，在 Wilks[38]有关语义选择优先中断工作的基础上，手工构建语义选择限制知识，判断字面意思和语境意思是否存在语义上的冲突，从而完成隐喻识别。例如，在句子“my car drinks gasoline”中，动词“drinks”的主语应该是具有生命的语义类，而“my car”是没有生命的，句子主语和谓语产生了语义冲突，据此识别为隐喻。Fass 开发了一个 met*系统，能够对字面义、隐喻、转喻和异常进行区分。该系统首先根据是否违反语义选择限制判断是字面义还是隐喻义，在隐喻义的情况下，继续使用手工构建的语义限制（例如 container for content），检验是否是转喻或者具有转喻关系。如果系统不能识别出转喻，就继续在知识库中寻找隐喻或者隐喻关系。例如，句子“my car drinks gasoline”的框架结构可以表示为（car,drink,gasoline），因为 car 并不具有 animal 语义下位关系，所以不能满足优先语义的框架（animal,drink,liquid）。另外，系统在非转喻和隐喻的情况下，会给出语义异常类的辨别结果。Fass 的方法依靠手工构建的语义选择限制知识，其规模有限。

在最近的研究中，Wilks 等[39]改进了 Fass 的方法，从词典 VerbNet 和 WordNet 中获取语义优选知识，自动识别那些已经固定的、词汇化的隐喻。这种方法假设一个单词在 WordNet 中的首要（最主要）词义并不是它在所在句子的语境词义，但是有一个 WordNet 中的次要词义满足该词的语境，那么这个词就是隐喻用法，WordNet 中的次要词义就是它的隐喻义。例如在句子“She married a brick”中，“brick”的首要词义是“a physical object”，而“marry”的语义优先选择应该是“people”，但是“brick”的第二个词义是“a reliable person”，满足优选语义，判定为隐喻，“a reliable person”为隐喻义。Wilks 等[39]使用语义分类器识别词典注释中动词的名词主题和它们的语义角色，从而提取出 WordNet 中上位词，并把它们定义为语义优选。与手工构建语义知识相比，这种方法自动获得语义优选限制，但是这种依靠词典中词义注释顺序的方法有时候并不准确。例如，有些词在

WordNet 中的首要词义就是隐喻的词义，而第二词义才是字面意思，此外 Wilks 等[39]对自己工作的评价是没有对隐喻和转喻进行区分。

Strzalkowski 等[40]从词汇和语义特征两个方面对情感隐喻进行了研究。隐喻映射被划分为概念和关系两种主要表达方式。概念包括源域概念和目标域概念，关系是指从源域中“借用”到目标域的概念。例如，在隐喻“government regulations are crushing small businesses”中，句子主语“government regulations”和谓语动词“crush”产生了语义冲突，crush 是从源域概念（例如 physical burden）中借用的动词应用到目标域概念中，这种隐喻映射表达被称为“关系”表达式。据此，Strzalkowski 等把目标域和源域（概念或者关系）的隐喻表达分别根据情感词典划分出情感，再通过社会语言学理论基础上建立的模型 Affect Calculus 识别整个隐喻句子的情感极性。实验表明这种方法对于本体的情感为中性（neutral）的情感隐喻识别具有较高的准确率，但对情感词典依赖性较大，并且是对隐喻内部的情感识别，而没有对语境等因素进行考虑。

Florou[41]提出一种基于语境的动词相关的隐喻识别系统。该系统在已有先验知识的基础上通过比较动词在不同语境中的字面用法和隐喻用法识别隐喻。Rentoumi 等[42]利用词汇歧义消解方法判断句子中是否包含隐喻词，进而对识别出的隐喻词词义的情感极性进行判定，最后综合隐喻词极性、上下文特征以及句子的语法结构等多重信息识别和判定句子的整体情感极性。通过实验验证了该方法具有较好的性能，也证明隐喻表达往往蕴含一定情感倾向，识别隐喻对于判定句子的整体情感极性具有重要的作用。Gandy 等[43]提出一种基于有限知识库自动检测概念隐喻的方法，该方法构建隐喻中常见的启发式规则，通过统计聚类分析，找出与待分析句子中的相似词汇，挖掘候选的概念隐喻项。

2. 基于机器学习的方法

进入 21 世纪以来，随着自然语言处理、人工智能技术的突飞猛进以及情感计算研究的深入，基于机器学习的研究方法相对于手工构建规则的方法表现出越来越强劲的优势和发展势头，学者提出了基于机器学习技术的隐喻计算模型和方法[11,44-45]，隐喻的计算研究也逐步展开[46]。与传统的基于手工构建知识的方法相比，基于统计机器学习的方法更加高效、准确、稳定，还可以处理大规模数据，使得情感隐喻语料资源的规模进一步扩大。基于机器学习技术的情感隐喻识别的基本思路是从大规模语料资源中学习领域知识，构建机器学习模型，并将模型用于隐喻表达的识别中，在识别的基础上对隐喻进行理解，或实现以源域与目标域间相似度计算为基础的情感隐喻计算[47-49]。

Zhang 等[50]对几种特别类型隐喻表达的情感进行研究，这几种类型的隐喻包括：实体隐喻，即概念隐喻“情感是实体”下的隐喻表达，例如“anger ran through me”“fear drags me down”；食物隐喻，即概念隐喻“情感是食物”下的隐喻表达，例如“X is a pizza”；动物隐喻，即概念隐喻“情感是动物”下的隐喻表达，例如“Lisa is a pig”；愤怒隐喻，即概念隐喻“愤怒是容器里液体中的热”下的隐喻表达，例如“she exploded completely”；尺寸隐喻，即隐喻中传递情感的尺寸的形容词，例如“shut your big fat mouth”。其基本思路是在句法和语义分析基础上，使用包括决策树、朴素贝叶斯、支持向量机的机器学习方法，并根据 WordNet 和 WordNet-affect 词典中的领域知识辨别语义和情感等信息。

以实体隐喻为例，对于句子“anger runs through me”，Rasp 句法识别工具首先识别出句子的结构“nnl（a singular common noun subject:anger）+vvz（present-tense lexical verb phrase:runs）+ppiol（object:me）”，并把主语名词“anger”送到语义词典中，然后句子的语义和句法结构就被标记出来“e3-（semantic tag: anger）+vvza（runs）+ppiol（me）”。标注的句子作为分类器（决策树、朴素贝叶斯、支持向量机）的训练集，用于识别此类型的隐喻表达。然后识别出的隐喻表达通过 WordNet-affect 的情感领域标签进行情感处理。

例如，当分类器识别出输入句子“panic is dragging me down”为实体隐喻类型后，再使用 WordNet-affect 辨别其主语“panic”的情感为“害怕”“负面情感”，即 panic：fear（negative emotion）。Zhang 等[50]尝试了对多种类型的情感隐喻进行研究，但其概念隐喻并没有考虑文化差异性，其研究对英语之外其他语言并不具有普遍适用性。

Kozareva[47]开展了多语言隐喻情感极性和效价识别研究。从政治演讲、政治相关网站和在线报纸等资源中收集数据，建立了英语、西班牙语、俄语和波斯语四种语言的数据集。其中以句子级别的隐喻句为主，也包括一些短语。一般情况下，其语境定为隐喻句前后的一个句子（最多三个句子）。采用人工的方式对隐喻句的情感极性和效价进行标注，其中情感极性分为“正”（positive）、“负”（negative）两种，效价级别从-3 到+3。并且标注者还要提供语境、本体、喻体、比喻部分的信息。然后利用机器学习的方法，把情感极性任务作为分类问题处理。同时参考心理学家关于语境特征和触发词表的研究建立特征集，从隐喻本身、语境和源域、目标域等几方面研究其对情感的影响。但是其研究仅限于政治管理领域，应用范围较小，情感种类也仅限于褒贬而没有涉及多种类情感。

近年来，深度学习研究方法在许多研究领域取得了不错的效果，其中词嵌入[51]是一种将词表示为连续词向量的技术，已被广泛用于多个自然语言处理的任务中。一些研究表明[52]，将语义信息等结构化数据加入到词向量的训练过程中，可以得到更高质量的词向量。基于丰富的隐喻语料库资源，可将结构化的隐喻语料知识融入词向量的训练过程，使得词向量可以学习到相关隐喻信息，即获取一些概念层面的词义信息。在“学习”了结构化的隐喻语料知识后，根据该词向量间的相似度进行重排序，可以在一定程度上帮助研究者解决隐喻识别和隐喻理解的问题。

例如，Mohler 等[53]针对多语言概念隐喻识别问题，提出使用分布式词向量对句子中的词进行表示，该表示中蕴含大量语义信息，通过这些语义信息识别概念隐喻的源域和目的域，对概念隐喻进行识别。实验表明，使用基于 Skip-gram 模型的词向量识别不同语言中概念隐喻的效果，相比于基于传统词特征的方法和潜在语义分析的方法具有更好的性能。Su 等[54]使用分布式词向量对源域和目标域词汇进行表达，通过计算目标域与源域所对应的多种词义的相似度，对隐喻所传达的含义进行解释和分析。在中文语料上的实验结果表明该方法可以有效地识别和解释中文文本中存在的隐喻。此外，Zhang 等[55]采用词嵌入技术构建词特征用于文本中转喻的检测，取得了较好的效果。

此外，语言通常被认为具有明显的树结构，也就是说，在进行语法或语义组合时，通常不是按照词的顺序进行组合，而是先组合语法或语义关系比较近的词或短语。基于以上的语言学理论，在使用深度学习技术处理自然语言中的问题时，可利用语言的树结构来构建深度神经网络，即递归神经网络[56]。在隐喻识别方面，很多研究人员采用基于语法搭配的方法进行隐喻识别。而隐喻识别在一定程度上可被看作是语义关系分类任务，语义关系分类任务是识别两个距离较远的实体之间的语义关系，它们中间的词往往对序列模型构成干扰，通过结合语句的句法分析树型结构，则有助于排除干扰，再结合以句法树结构构造的递归神经网络等相关深度学习模型，可对隐喻较为有效地识别。

1.2.4 隐喻计算应用模式的研究

隐喻是一种普遍存在的语言现象，也是人们交流和表达的工具。人们通过隐喻了解其他人的认知状态，了解文化和习俗，了解所传达的情感。因此摆在面前的挑战是：如何利用隐喻识别的结果，开展多方位多层次的隐喻应用模式的研究，实现从理论到应用的全过程研究。

然而，目前国内外极其缺少对于隐喻应用模式方面的研究。例如，尽管隐喻作为一种特殊的隐式情感表达一直是影响情感分析工作精度的一个重要因素，但是鲜有隐喻识别在情感分析应用中的研究。学者在电影票房预测的研究中发现，电影评论论坛上有大量情感隐喻影评的出现。例如“是个夺人眼球的题材。”“整部电影男主角就是个备胎呀！”“一场羊头狗肉式的执导改编。”“帝王般的享受。”“影院制冷经常偷懒。”等情感隐喻表达。但是目前在线评论情感分析基本上依赖于情感词典，对字面语言进行分析，从中挖掘出情感词或属性等信息，极少对于隐喻所传递的情感进行分析。这导致大量由情感隐喻传递的情感信息的缺失，从而影响情感分析的精确度。国内外学者研发了很多评论情感分析系统，例如：对产品网络评价信息进行情感分析，并提供个性推荐[57]；对在线购物产品评价意见进行分析和可视化展示[58]，根据在线评论的情感分析结果进行广告推荐等[59]。但是在以上过程中很少有研究关注其中的情感隐喻，导致情感计算中因为忽略大量存在的隐喻语言——情感隐喻而出现精度问题。

隐喻自动识别的应用虽然处在起步阶段，但是存在许多值得研究的方面。如何利用隐喻识别的结果，开展多方位多层次的隐喻应用研究，实现从理论到应用的全过程研究是本书面临的挑战之一。因此，本书从与认知语言学和自然语言处理密切相关的几个领域开展调研和分析。

1. 基于隐喻的写作水平评估研究

隐喻能力始终是外语教学的难点。英语作为母语和作为第二语言的学习者在隐喻理解和使用上会有很大的区别，能否熟练地使用目标语中的隐喻是外语学习者语言沟通能力高低的重要标志。有研究表明，二语学习者隐喻能力偏低是导致不能地道、规范地使用英语的原因之一[60]。因此，越来越多的研究者强调隐喻能力在外语教学中的重要地位，建议把隐喻教学作为外语教学的一项主要内容。研究者发现学生在英文写作方面存在词汇使用单一、语法使用错误、修辞手法比较贫乏等问题，且通过定量的方法表明隐喻在写作过程中的重要性[61]。薛芬等指出学生对隐喻知识的理解程度影响他们的写作水平，通过概念隐喻教学，学生的写作水平得到了改善[62]。

现有的写作水平自动评分研究大部分采用统计学知识对文章中一些语言特征进行定量研究，构造综合评估模型，但是还没有将隐喻特征考虑到自动评估研究中。因为它涉及较为复杂的隐喻识别技术和隐喻属性抽取技术，需要隐喻识别整体技术水平的成熟和提升。例如，计算机辅助写作自动评价在国外研究起步较早，

20 世纪 60 年代，Page[63]为了减轻教师的教学负担而开发的 Page Essay Grade（PEG）是早期的作文自动评分系统。PEG 采用统计学知识量化作文中一些变量，如作文长度、单词个数、标点符号、语法等，通过量化这些因素对作文进行打分。但 PEG 没有涉及更深的语言知识，只基于一些浅层的信息对作文评分，受到了学者的质疑。E-rater 是第一个应用于大规模考试的自动作文评分系统，包括句法模块、论述模块以及主题分析模型，其不足表现为需要人工介入。Criterion 是基于 Internet 的自动作文评分系统，其综合了 E-rater 的优势，且添加了 Critique 作为辅助，Critique 可以诊断文章中的语法错误等。系统中包含语法、叙述、因果、问题和辩论等方面的综合评分[64]。IntelliMetric 是通过分析超过 300 个特征，包括词法、句法、语义、主题等变量，更充分地考虑作文的各个因素，对作文进行打分。它包含多种语言，如英语、日语等。因为其考虑多维度特征，融合了多个数学模型，所以更受认可[65]。国内目前很多高校推广使用的自动作文评估工具是句酷批改网[66]，它以（软件即服务）的方式为使用者提供在线评估服务。

隐喻能力被看作是母语使用者语言流利性的基本特征之一，二语学习者需要掌握用以匹配隐喻表层结构和概念内涵的编码知识，才能向外语学习的高级水平过渡，达到母语使用者的流利程度。由此看来，可以把学生在写作中隐喻的使用数量作为写作评价的一项指标，根据分析比较学生的隐喻使用数量和程度，建立起更加科学完善的写作评估体系。因此，通过增强计算机对隐喻的理解能力可以有效地提高自动写作水平评估的准确度。同时，把学生在写作中隐喻的使用作为写作评价的一项指标，可以建立起更加科学完善的写作评估体系。

2. 基于隐喻的心理状态评估研究

研究隐喻的出发点开始逐渐从语言的表象转变为一种认知性的概念，使人们利用有形的、具体的、熟悉的概念去理解抽象的事物，通过语言现象揭示人类的认知方式和规律。近年来的一些研究证明，不同心理状态的人使用隐喻的方式有所不同[67]，每个人在不同的心理下会以一种特殊的表达方式来使用普通的词汇，他们的表达包含某种情绪以及情绪的积极程度或消极程度。基于这一现象，Billow等[68]开展了研究，他们测量了精神分裂症患者和健康的人在自由回答结构化访谈时产生的隐喻，他们发现，精神分裂症患者能够产生一定比例且恰当连贯的隐喻。Tay[69]通过研究与心理疾病患者的谈话内容，从隐喻的角度分析他们谈话时逃避的细微方面，挖掘更高层次的隐喻，展示隐喻和精神状态之间的微妙相关性，提出隐喻能够在分析和处理心理治疗中提供帮助。

隐喻识别逐渐应用在心理状态预测方面，Benedek 等[70]揭示了隐喻与心理疾病的生物学基础；Mould 等[71]帮助精神病患者借助隐喻描述精神状态，进而通过隐喻认知帮助患者恢复健康；Lazard 等[72]把隐喻使用作为一种交际策略来提升大学生心理疾病的治疗效果。Gutierrcz 等[73]利用文本中隐喻检测，从健康人和患者文档中抽取隐喻和情感特征，利用机器学习预测患者的精神分裂症所处的阶段，精度达到 84.4%。综上所述，基于隐喻的心理状态评估工作将有助于临床了解心理疾病或精神疾病患者言语使用异常的特性。

然而就目前来看，大部分关于隐喻处理应用于心理状态检测与评估方面的工作，都仅处于起步阶段，研究并不深入，尤其是应用在对大学生的心理状态评估上，目前都是依赖于心理量表和调查问卷，鲜有自动化的、间接的、私密的技术手段。因此，基于文本隐喻描述的大学生心理状态评估将会成为未来判断大学生心理问题的新途径。

1.3 存在的问题

上述研究表明，隐喻的识别和相关研究具有一定研究基础和较强的应用需求。但是由于该项研究刚刚兴起，各种方法均在不断探索之中，尤其面临着语义资源的缺乏以及隐喻表达的复杂性和含蓄性等问题，如何准确识别自然语言表达中的隐喻是一项亟待研究的课题，如何将隐喻识别的结果应用到写作、心理状态评估和计算机辅助外语教学等方面，仍需要投入更多的时间和人力加以研究。目前的隐喻识别相关研究主要有以下不完善之处，有待于进一步完善和解决。

（1）隐喻语义资源极度缺乏，并且缺少语义描述的规范、标准。

在隐喻资源建设方面，缺乏认知语言学的指导，对隐喻的分类体系和语义描述并不尽如人意；标注体系不完善，随着构建目的各异而各自为政，缺乏规范、合理、统一的隐喻形式化表达、标注体系和质量监控系统；标注质量和标注效率不高，原因之一在于标注方法比较单调，任务分配具有较大的随机性，没有充分考虑标注者的个性化特征；汉语研究严重不足，对中文隐喻资源建设研究存在着严重不足，导致中文隐喻计算研究面临较大困难。

（2）忽略了名词隐喻中隐喻歧义的语义表示。

现有的名词隐喻识别任务，着重强调对隐喻的识别，而忽略名词隐喻的一词多义问题，而对名词隐喻建立良好的语义表示，是对名词隐喻识别的研究基础。因此，需要建立一种能够端到端的充分考虑语义表示的名词隐喻识别机制，传统的语义资源和上下文神经语言环境能够提供丰富全面的语义信息，从不同的维度获取语义空间，解决名词隐喻的一词多义问题，从局部和全局的角度，着重识别出名词隐喻及其喻体和喻底，是待解决的主要问题。

（3）忽略了动词的语言信息及更为丰富的语义信息。

动词隐喻仍然存在着语义资源使用简单、缺乏词语表示的支撑等问题。现有的动词隐喻方法都是简单的通过统计或相似度计算的方法计算词语在所处句子中为隐喻的概率大小，但是忽略了句子的语义信息和动词及其实施者、受施者等词语的深层词语表示支撑，无法挖掘词语的语言信息及更为丰富的语义信息，导致计算机无法真正理解动词的隐喻。

（4）隐喻的应用模式研究极度缺乏。

如何将隐喻识别的结果应用到自然语言处理的各项任务中需要投入更多的时间和人力加以研究。例如，现有的作文评分系统很多只重视作文中一些表象的语法、词语、句长等特征，而忽略了深层语义分析对写作的重要性。因此，加强隐喻理解、在作文自动评分系统中加入隐喻理解以便更全面客观地对作文进行打分，是待解决的问题。再如，忽略了从隐喻认知角度实现对心理问题的探究。通过大学生的隐喻描述与认知，可以隐性地了解他们内心世界的真实想法，因此，实现大学生隐喻描述与隐喻认知状态的统计，是待解决的问题。

1.4 研究目标和内容

针对上述隐喻识别中存在的问题，本书首先从历时和共时两个维度洞悉了隐喻的发展历程。研究结果表明，有关隐喻类别的研究，特别是名词以及动词的隐喻识别方面将会是今后研究的重点。因此本书在语义资源建设的基础上，针对不同类型的隐喻表达，探索名词性隐喻和动词性隐喻的自动化识别技术，为隐喻识别研究提供借鉴意义；在此基础上，尝试将隐喻识别技术应用于不同的自然语言处理任务，包括基于隐喻的写作水平评估、基于隐喻的心理疾病诊断等，以探索隐喻识别方法在不同应用场景中的应用模式和范例，推动隐喻识别和应用技术取得突破性进展，让计算机更加深入地理解自然语言，改善机器智能水平。

隐喻识别是自然语言理解中的重要环节，对于机器智能的提升至关重要，如何有效识别自然语言表达中的隐喻是本书关注的焦点，也是当前研究亟待攻克的难题。本书研究内容框架主要分为四个部分，一是隐喻研究发展趋势分析，从共时和历时的维度深入挖掘隐喻的研究热点；二是隐喻语料库构建，尝试融合丰富的认知语言学特征构建大规模汉语隐喻语料库；三是隐喻识别，针对文本中频繁出现的名词隐喻和动词隐喻探索自动化的识别方法，以准确获取隐喻所表达的深层含义；四是隐喻应用模式，将隐喻识别技术应用于不同的自然语言处理任务，为其提供丰富的隐喻信息，探索隐喻在自然语言处理任务中的应用模式。本书的研究框架如图 1.4 所示。具体的研究内容如下。

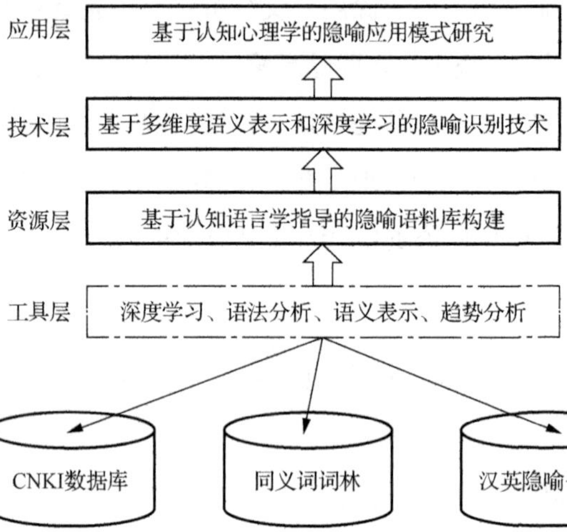

图 1.4　本书的研究框架

1. 基于 CNKI 的隐喻研究发展趋势分析

本书针对当前隐喻研究的局限之处，提出从历时和共时的维度洞悉隐喻的发展历程。首先，获取刊登在 CNKI 的隐喻相关文献并进行分析研究。然后，从历时维度运用有序聚类模型进行建模，并综合考虑现有的国内相关研究现状，进行隐喻发展阶段的划分，并使用词频-逆文档频率（term frequency-inverse document frequency，TF-IDF）提取每个阶段的特征，并抽象出主题。从共时维度运用隐狄利克雷分配（latent Dirichlet allocation，LDA）模型进行主题的抽取，并进行分析探讨。最后，基于科学计量学原理，运用梯度上升回归树模型预测隐喻的相关热点研究趋势。实验结果表明，隐喻类别的研究，特别是名词以及动词的隐喻识别研究在未来会得到较高的关注度，这也为本书后续的研究做了铺垫。

2. 基于认知语言学指导的隐喻语料库建设

本书利用自然语言处理技术结合认知语言学理论，建立一个大规模面向隐喻自动处理的汉语隐喻语料库。建立了基于认知语言学理论的语义描写框架，提出较为完善的隐喻语料收集、标注以及扩展的方法，并制定规范、合理的标注体系和质量监控，建立以认知语言学为指导并具有较完善质量控制体系的隐喻语义资源。本书提出了一种新的隐喻标注方法，即注重标注者的个性化特征，结合标注特长和习惯，弹性分配标注任务。同时做到“小众任务优先分配”，根据标注能力分配任务数量，提高标注质量和效率。

3. 基于多维度语义表示和深度学习的隐喻识别技术

在名词隐喻识别中，本书提出了基于 Transformer 与 BERT 的模型方法。对于 BERT+Transformer 方法，使用 BERT 模型代替传统的词向量方法，将中文词汇映射为计算机可以识别的数字形式，同时包含词与词之间的位置逻辑关系等信息。然后利用 Transformer 模型从 BERT 模型训练好的向量中进行特征提取，最后通过训练神经网络分类器进行分类。

在动词隐喻识别中，本书提出了一种适用于隐喻分类任务的词语向量表示方法，即在原始词向量的基础上，融合了同义词词林的结构信息，使词向量中能够包含隐喻中所关注的词语抽象度等信息。在此基础上，本书构建了一种基于主谓宾信息的动词隐喻 Attention 网络，使得在句子进行 LSTM 编码及计算各词权重时，充分考虑到全局的主谓宾信息。

4. 基于认知心理学的隐喻应用模式研究

针对现有自动写作评估的不足，本书以隐喻理解为基石，在隐喻识别的基础上，进一步挖掘作者写作中更深层的含义，通过结合上下文信息，评估作文的创新性，实现更全面、更智能的写作水平评估。在此基础上的写作自动评估系统可以更全面、更深入地理解作者要表达的意思，并结合主题一致性以及传统写作自动打分评估系统所包含的统计信息，提高写作水平评估系统的有效性。

在隐喻的心理状态评估中，从大学生隐喻描述与隐喻认知的角度出发，识别隐喻句中的情感，完成心理状态的映射问题。本书从作文写作方面完成对大学生的心理状态评估，在识别出隐喻句的基础上，进一步挖掘大学生表达所蕴含的情感，通过结合上下文特征，分析和判断隐喻句的情感分类。与此同时，结合大学生心理测评报告结果，综合开展大学生心理健康问题预测，进而完成对大学生的基于隐喻的心理状态评估。

2 基于 CNKI 的隐喻研究发展趋势分析

2.1 概　　述

西方对于隐喻的研究可以追溯到 2000 多年以前，对于隐喻的研究视角历经了修辞学、语义学、认知学三个阶段。国内隐喻研究的新时代则是从 1992 年刘宁生的《我们所依存的隐喻》译本[74]的出现而宣布开始的。随后国内学者开启了“概念隐喻”理论研究的热潮，赵艳芳[75]对 *Metaphors We Live By* 的书评揭示并肯定了隐喻作为语言和思维的隐喻概念体系的重要性，对隐喻的全方位了解发挥了极其重要的作用。迄今为止，国内学者对于隐喻的研究呈现爆发式增长，近十年间刊登在 CNKI 的隐喻相关文献就多达上万篇。对于未来隐喻的研究趋势的预测十分重要，是每一个隐喻研究人员都需要面对的问题。

李美等[76]重点调查了 2000～2011 年国内八家外语类核心期刊刊载的概念隐喻研究论文。研究发现：概念隐喻研究整体呈上升趋势；研究内容主要涉及六大主题；研究主题以概念隐喻与外语教学和概念隐喻属性研究为主，并向多元化发展。林书武[13]调研隐喻著作和论文，指出研究的焦点是概念隐喻、概念整合理论、空间隐喻研究、转喻和其他修辞格的研究，未来研究的发展趋势是侧重于认知平面的隐喻理论研究。王琳等[77]经过综述总结，指出目前隐喻研究的对象已从单模态走向多模态，从单学科走向多学科交叉。而借助语料库、事件相关电位、脑功能成像和眼动仪等实验手段，使本书更加深入地研究隐喻成为可能。

目前对于隐喻研究趋势的研究存在以下不足：

（1）定性分析居多，采取专家意见进行预测，但是往往会局限于专家的个人经验，因为相关文献量巨大，专家对于自己所在的研究方向很熟悉，对于隐喻的整体发展，也许有一些力不从心。

（2）定量分析主要依赖词频，采用的预测模型比较呆板，主要依赖于现有的统计软件，对于模型的运用灵活性不足。而且数据采集数量规模太小，难以覆盖整个研究的时间跨度。

（3）缺乏科学计量学的指导，其考虑的因素仅仅与词频和引用有关，缺乏对于研究主体、客体、项目支撑条件和跨学科研究的分析。

针对上述不足，本书首先从 CNKI 下载所有标题和摘要中包含“隐喻”的期刊论文，构造尽可能全面的数据集。然后，从历时和共时两个维度进行分析：对于历时维度，采取有序聚类的方式将研究历程在内容语义相关性基础上划分阶段；对于共时维度，本书利用主题分析，将研究内容分解为若干研究主题，观察主题的演化过程。最后，结合科学计量学的基本原理，综合考虑研究主体和客体、项目支撑条件和跨学科研究等因素的影响，选取当年的关键词频数、关键词的存在年限、当年增加的新作者数量、当年的基金资助论文的数量、跨学科提及数量等，利用梯度上升回归树模型预测下一年度的关键词频度，获得候选的热点词，对研究主题的热点进行预测。

2.2 数据采集

本书采集了 1980～2018 年刊登在 CNKI 上标题和摘要中含有“隐喻”的期刊论文，共计下载文献 15123 篇。使用 Jieba 分词工具，将论文关键词表加入到分词词典中，以提高分词的准确率。

隐喻相关文献的数量在每年的分布情况如图 2.1 所示。

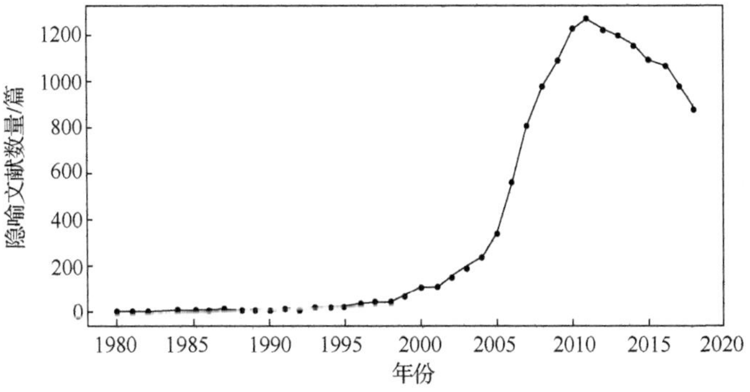

图 2.1　隐喻文献数量-年份分布

2.3　基于有序聚类的历时分析

2.3.1　有序聚类模型

有序聚类方法是由 Fisher[78]提出的，又被称为最优分段法，是一种无监督的学习方法，不需要使用标注数据。有序聚类的对象为有序样本，目的是将有序样本分割成多个阶段，使得每个阶段内部的样本距离最小。有序聚类方法首先根据有序数据样本特征构建特征矩阵，然后计算不同时间段的样本特征均值得到相似度矩阵，特征均值计算过程如公式（2.1）所示：

$$\overline{x}_{ij} = \frac{1}{j-i+1}\sum_{l=i}^{j} x_l \tag{2.1}$$

式中，x_l 表示第 l 个样本特征；$\overline{x}_{ij}$ 为 $x_i \sim x_j$ 的特征均值。得到特征均值后需要计算每个阶段内部样本到特征均值的距离之和 $D(i,j)$，这里使用 L_2 范式定义距离，计算过程如公式（2.2）所示：

$$D(i,j) = \sum_{k=i}^{j}\sqrt{\left(x_k - \overline{x}_{ij}\right)^2} \tag{2.2}$$

每个阶段内部的距离之和越小，表示该方法分割的阶段越合理。有序聚类方法的目标是找到一种分割策略使得距离之和达到最小，计算过程如公式（2.3）

所示：

$$L\left(b\left(n,k\right)\right)=\sum_{t=1}^{k}D\left(i_t,i_{t+1}-1\right) \tag{2.3}$$

式中，L 代表最小化类别之间的距离；n 代表样本数量；k 代表划分的类别数，求使其达到最小值的分类方法 $b\left(n,k\right)$。

2.3.2 历时分析

本书将隐喻论文按照年度汇总，通过有序聚类方法，分割出隐喻发展的多个历史阶段并加以分析。因此，将 1980～2018 年刊登在 CNKI 上关于隐喻的文献按照年度进行整合，总计 38 个样本（其中 1983 年无相关文献），使用 TF-IDF[79]进行特征提取，其特点是在保留重要词汇的前提下过滤掉了频繁出现但研究意义不大的词语。TF-IDF 特征维度设置为 2000，得到维度为 38×2000 的特征矩阵；然后，使用 L_2 距离计算每种分割区间的内部距离之和，得到相似度矩阵，取其最小的分割方案作为输出结果。

有序聚类方法的关键在于确定分割的阶段数，依据研究领域特点，本书尝试了 2～10 种划分阶段方法，不同划分阶段最小距离曲线如图 2.2 所示，可以发现在划分 4 阶段后，最小距离的趋势保持平稳，说明阶段数的变化对于最小距离的影响不大。因此，选取 4 阶段划分比较合理。

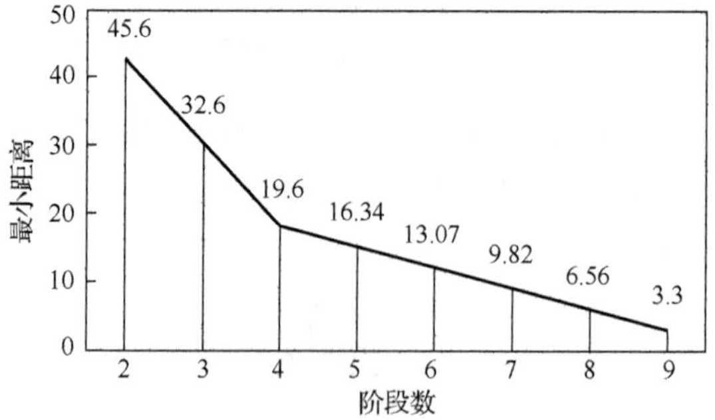

图 2.2　不同划分阶段最小距离曲线

发展阶段划分的结果是将 1980～2018 年有关隐喻的研究分成了 4 个阶段，然后使用 LDA 主题模型得到每个阶段的关键词[80]，关键词如表 2.1 所示。基于关键词，对实验结果进行深入分析。各阶段的关键词如图 2.3～图 2.6 所示。

表 2.1　阶段的划分及关键词

阶段	关键词
萌芽阶段（1980～1985 年）	隐喻、隐喻手法、隐喻用法、修辞作用、借比、两者之间、修辞手段、规律、比喻词、强调、丰富多彩、高谈阔论、妙用等
起步阶段（1986～1999 年）	语言的隐喻性、语篇、隐喻、拟人、喻体、映射、隐喻表达式、比喻词、明喻、中西诗学、中国语言文化、文学作品、认知学、概念隐喻等
增长阶段（2000～2010 年）	隐喻、语义、语言的隐喻性、语义学、语言科学、隐喻理论、概念隐喻、谚语、转喻、本质、语言与文化、概念整合、批判思维等
多元阶段（2011～2018 年）	概念隐喻、概念整合理论、多模态、语料库、隐喻类别、空间隐喻、木体、大学英语、跨学科、意象、隐喻理论、认知等

图 2.3　萌芽阶段

图 2.4　起步阶段

图 2.5　增长阶段

图 2.6　多元阶段

1. 萌芽阶段

在此阶段，只有为数不多的论文对于英语隐喻辞格进行简单的介绍，尚未引进西方的“隐喻热潮”，研究多停留在修辞格的对比方面。周光明[81]在其论文中提出比喻可以分成明喻和隐喻两个类别，明喻在形式上是相类的关系，而隐喻在形式上是相合的关系。

2. 起步阶段

此阶段的隐喻研究不再局限于词汇层面。1992 年刘宁生的《我们所依存的隐喻》译本[74]的出现，开创了国内隐喻研究的新时代。随后国内学者开启了“概念隐喻”理论研究的热潮，赵艳芳[75]对 *Metaphors We Live By* 的书评揭示并肯定了隐喻作为语言和思维的概念体系的重要性，对于隐喻的全方位认知起到了极其重要的作用。

不同于国外隐喻的修辞学、语义学、认知学三个阶段，国内隐喻的研究起步于认知学层面[6]。人类的认知来源于自身和生活中的切身体验。语言发展的基础得益于认知的发展，同样，语言的发展也巩固了认知的发展地位，认知层面上的隐喻同样源于此。束定芳[82]提出隐喻是人类的认知现象和帮助人类理解感知周围世界的思维方式。空间隐喻对隐喻在概念层次上的认知研究同样发挥着重要作用，因为抽象概念都是基于空间分布中的位置关系来进行表达和说明的。范文芳[83]在其论文中从语篇衔接的视角阐述了基于语义和语法范畴间的非自然体现即为隐喻的观点。

3. 增长阶段

国内学者在深化研究隐喻本质和语篇功能的同时[84]，又以一种审视批判的角度去研究现有隐喻概念的不足。刘正光[85]指出了概念隐喻的 7 个方面缺陷，张全生[86]建议应从结构、语义、语境、认知思维、背景文化 5 个方面对隐喻理论体系进一步完善，这些观点都为隐喻的多方位研究指引了方向。隐喻作为人类思维的集中代表，其发展至少经由 4 个空间，基于二维的简单模型不足以充分说明它的多向性、复杂性、动态性等[86]。因而需要引进概念整合理论来实现对概念隐喻理论的继承和完善。林书武[13]提出此阶段的隐喻研究焦点为概念隐喻、概念整合理论、空间隐喻研究、转喻和其他修辞格的研究，他预测研究的发展趋势：继续进行侧重于认知平面的隐喻理论研究；结合语言的神经理论进行研究；结合文化人类学进行研究。

4. 多元阶段

我国语言学者不再局限于单一模态的隐喻研究，开创了基于多模态隐喻研究的新领域。其中的多模态泛指除文字之外的图像、视频等[77,87]。赵秀凤[88]在其论文中对基于多模态的隐喻研究从起源、发展、研究焦点、贡献、挑战和前景等方面进行了详细阐述。冯德正[89]从系统功能理论角度阐述了基于视觉图像的多模态隐喻构建过程和类别。

有些学者对概念隐喻理论进行了批判，他们认为在 Lakoff 等[1]的著作 *Metaphors We Live By* 中的隐喻示例并非建立在大量真实发生的事例之上，可信度不高，因而开辟了基于语料库的隐喻研究的新领域。周运会等[90]阐述了国外基于语料库的隐喻研究所使用的模式、方法和已经取得的成效。刘丰等[91]在归纳总结了基于语料库的隐喻研究后提出了完善隐喻语料库的研究方法。

2.4 基于主题模型的共时分析

2.4.1 主题模型

LDA 模型是由 Blei 等[80]提出的一种对文本数据集进行建模的概率主题模型。

对比于其他模型，它的全概率生成、避免过度拟合的优势显而易见，适用于对大规模语料进行整合处理。LDA 模型认为一篇文档是由一组词汇组成的集合，词之间没有先后顺序关系，且该方法是一种无监督模型，不需要标注数据。目前 LDA 的应用领域已经覆盖了文本分类、图像处理、信息检索等领域[92]。

假设一篇文档是由生成模型生成的，其过程为文档以一定概率选择了某个主题，然后从这个主题中以一定概率选择某个词语。计算过程如公式（2.4）所示：

$$p(\text{词语}|\text{文档}) = \sum_{\text{主题}} p(\text{词语} \mid \text{主题}) \times p(\text{主题} \mid \text{文档}) \tag{2.4}$$

LDA 主题模型如图 2.7 所示，α 表示一个 k 维的 Dirichlet 参数，β 表示某主题下词分布的概率，θ 表示主题分布，z 表示主题，w 表示词语。

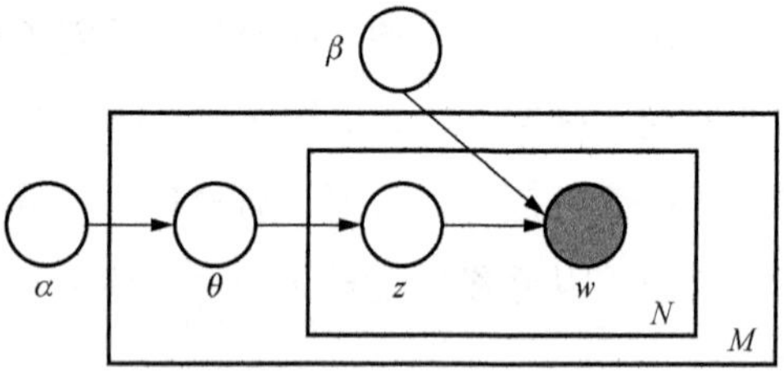

图 2.7　LDA 主题模型图

2.4.2　共时分析

为了选择最优主题数量，本书基于困惑度与主题相似度来确定主题数量[80]。困惑度用来衡量模型的预测能力，困惑度越小表示模型的预测能力越好。主题相似度用来表示不同主题间的差异性，较小的相似度说明主题间的辨识度较高，使用 Jensen-Shannon 散度来计算主题相似度。在主题相似度的基础上，使用主题方差来衡量潜在主题空间的差异性和稳定性。通过计算主题与其均值间的偏差程度来求得主题方差，其计算过程如公式（2.5）所示。其中 K 表示抽取主题数，D_{JS} 表示 JS 散度。 $\text{Var}(T)$ 值越大说明主题间的区分度越好。将困惑度与主题相似度相结合来选择最优主题数量，既能保证模型的预测能力，又考虑了主题间的辨识度，计算过程如公式（2.6）所示，其中 Perplexity(D) 为困惑度， Var(T) 为主题方差。当 PerplexityVar 值最小时，选择的主题数量最优。

$$\mathrm{Var}(T)=\frac{\sum_{j=1}^{K}\left[D_{\mathrm{JS}}\left(T_i,\bar{\partial}\right)\right]^2}{K} \tag{2.5}$$

$$\mathrm{PerplexityVar}=\frac{\mathrm{Perplexity}(D)}{\mathrm{Var}(T)} \tag{2.6}$$

式中，T_i 为第 i 个主题的向量表示；$\bar{\partial}$ 为所有主题向量的平均值。

同样使用 TF-IDF 计算出每个文档的特征，特征维度最大设置为 2000，得到的特征矩阵维度为 15123×2000。然后设置多种主题数，从中使用 PerplexityVar 选取最优主题数，在主题数量为 5 时，PerplexityVar 值最小，实验结果如图 2.8 所示。

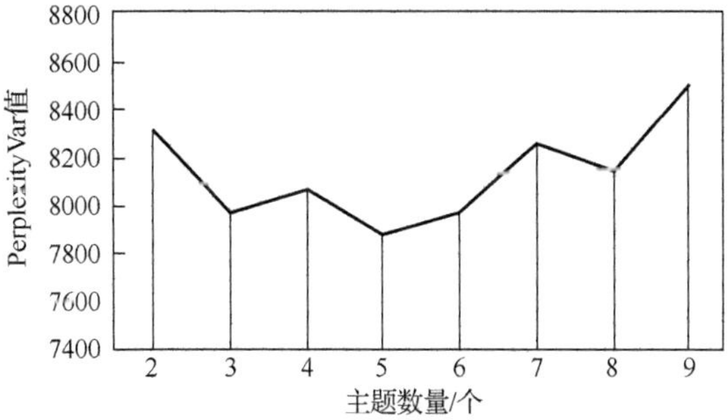

图 2.8　不同主题数量的 PerplexityVar 值

根据对上述每种主题的主题词分析，并结合目前的研究进展，最终划分 5 个主题，分别是外文隐喻、隐喻翻译、文学隐喻、隐喻类别、隐喻理论，其对应热点词集合如表 2.2 所示。

1. 外文隐喻

国内对于隐喻的研究起步较晚，随着 *Metaphors We Live By* 被引进，国内学者才逐渐认识到隐喻的重要性，开启了对隐喻的研究。

表 2.2 主题的划分及热点词

序号	主题	热点词
主题 1	外文隐喻	隐喻、语言、概念隐喻、认知、人类文化、英语、英汉互译、事物、映射、相似性、英语教学、对比分析、认知隐喻等
主题 2	隐喻翻译	翻译隐喻、隐喻、能力、文化、隐喻翻译、培养、中国、叙事、美国、翻译策略、文本书化、隐喻、译者等
主题 3	文学隐喻	隐喻、小说、作品、意义、诗歌、社会、解读、意象、文学、艺术思想、语言、创作、揭示、哲学精神、文学作品、文本等
主题 4	隐喻类别	概念隐喻、语法隐喻、空间隐喻、概念语法、隐喻语义、语气隐喻、视角、情态隐喻、角度、人际、战争隐喻、语篇隐喻、语篇功能等
主题 5	隐喻理论	多模态隐喻、隐喻研究、认知语言学、理解、关联理论、概念隐喻、概念整合理论、认知隐喻、实证研究等

谭卫国[93]对国外隐喻进行深入研究后，根据英语语言中隐喻存在的形式和意义将其分为四个类型：简明隐喻、半隐性隐喻、隐形隐喻和复杂隐喻。徐知媛等[94]对于《隐喻与思维（剑桥手册）》进行述评分析并挖掘了隐喻在认知、交际、文化等方面发挥的重要作用。程同春[95]在分析和探讨英语隐喻结构特点、工作机制和认知功能的基础上，论述其汉译方法，这对隐喻的研究提供了一个新的视角。

2. 隐喻翻译

陈道明[96]认为从思维角度来看，隐喻作为一种思维方式而存在，翻译则是作为一种思维活动而存在，因而两者的基本原则存在许多相似与交叉，对隐喻的研究势必会对翻译理论的研究有许多启示。王斌[97]剖析了传统隐喻翻译的局限性，探讨隐喻与对等、客观意义与主观意义以及隐喻与交织之间的关系，并提出从认知的角度来动态整合隐喻中的翻译，从修辞学过渡到认知学的转向，使之具有动态操作性，为隐喻在翻译中的研究带来了质的飞跃。

3. 文学隐喻

文学中的隐喻可以追溯到 2000 多年前亚里士多德的《诗学》和《修辞学》。中国在文学隐喻的研究开始于 20 世纪 30 年代。与局限于在词汇层面的隐喻研究有所不同，文学中的隐喻是基于语篇层面来进行研究的，对于语篇的构建和衔接发挥着重要作用。不同于日常交谈中的隐喻，文学作品为了能够抓住读者的眼球，作家往往会将关注点放在如何能够应用隐喻的表达方式来满足读者的需求。魏在江[98]从认知和语篇层面对隐喻在文学中的功能进行了挖掘和探索，隐喻对语篇主题发展、语篇信息的连贯性等都有重要影响。同时，隐喻对文学语篇可以产生生动形象的文体效应。从语篇的层面去研究隐喻不但可以揭示隐喻的功能，而且可以阐释语篇信息的发展、语篇组织机制、语篇的衔接性和连贯性，从而进一步丰富语篇研究的内容，扩大语篇研究的范围。王炳社[99]认为文学作为一种语言艺术，它的整个思维运作过程都是隐喻的。他从情景、叙事、对话、描写、心理、抒情、想象、理趣等方面阐述了文学隐喻的表现所在。

4. 隐喻类别

对隐喻进行分类是为了能够将隐喻的研究范畴化，进而加深认知上的深化与理解。概念隐喻不仅存在于人类的语言之中，而且也存在于人类的思维和行动之中。它不是语言的表面现象，而是一种深层的认知机制。概念隐喻主要分为四类：结构隐喻、方位隐喻、本体隐喻、管道隐喻。大量的英汉日常表述说明，概念隐喻支配着一词多义现象或不同意义之间关联的原则是由具体到抽象的隐喻性映射。

束定芳[100]从隐喻的表现形式上，将隐喻分为显性隐喻和隐性隐喻；从词性的角度，将隐喻分为动词性的、名词性的、形容词性的隐喻；从使用的频率来分，又可以分为新鲜隐喻和死隐喻[101]。谢之君从修辞格角度将隐喻划分为隐喻、借喻及提喻[102]。冯德正[89]基于认知隐喻理论的新发展，对于多模态隐喻的构建类型与工作机制进行了探讨，尝试用系统功能理论为文本-图像隐喻和多模态隐喻的构建与分类提供一个新视角。

5. 隐喻理论

概念隐喻理论源于 Lakoff 等的著作 *Metaphors We Live By*[1]。该理论著作的出现标志着对隐喻的认知从语言表达手段过渡到思维方式的转变。Lakoff 等提出的“源域”“目标域”“映射”等概念，生动描绘了以一种事物描写另一事物的思维过程。概念隐喻理论阐述了语言表达是如何受概念系统中事物关系理解约束的。张松松[103]叙述了概念隐喻的发展史后，提出了促成概念隐喻认知形成的三大法宝。李福印[104]从隐喻的认知手段、本质、系统映射等方面阐述了概念隐喻的内涵，并指出了一些话题由于“过热研究”而掩盖了其理论上存在的不足。

概念整合理论是由 Fauconnier 等[105]共同提出的，被列为认知学研究的基本理论基础。概念整合理论建立在结构映射和心理模仿的基础之上。苏晓军等[106]在其论文中论述到，概念整合就是将两个输入的心理空间进行跨空间的映现匹配，进而有选择性地投射到第三个空间。王勤玲[107]提出“概念整合”或“概念一体化”是用来探索和诠释与概念隐喻理论相似的语料，在对隐喻进行分析时，将对其他概念现象的分析进行统一整合归为一体的一种思维工具。

概念隐喻理论和概念整合理论并不是对立的相互矛盾的关系，只是它们的研究侧重点有所不同。概念整合理论的产生是为了更好地完善概念隐喻理论，概念隐喻理论的存在又促进了概念整合理论的深化与发展。两者的存在对于隐喻研究是互为补充、相互完善的关系。

五个研究主题变化趋势如图 2.9 所示。

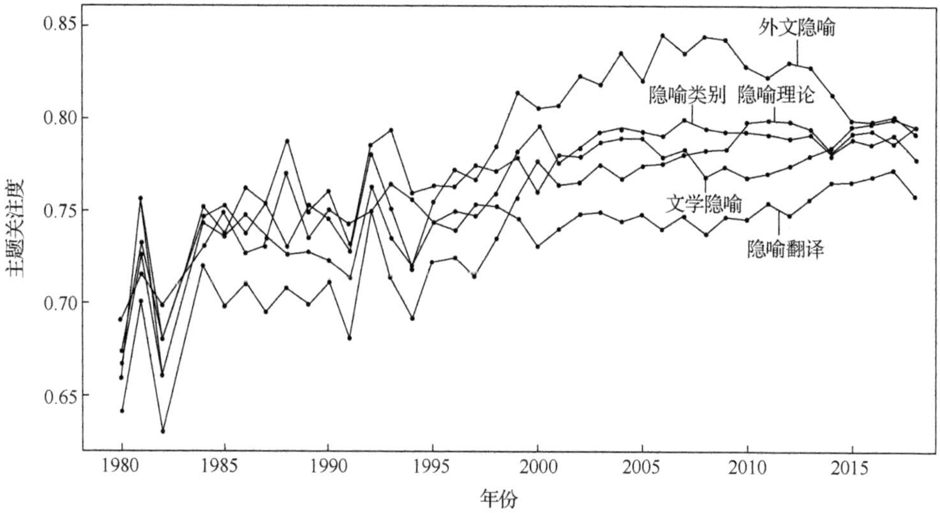

图 2.9　主题变化趋势图

2.5　基于科学计量学的研究趋势分析

2.5.1　基于科学计量学的趋势预测

科学计量学是应用统计学和计算机技术等对科学活动的投入（如科研人员、研究经费）、产出（如论文数量、被引数量）和过程（如信息传播、交流网络的形成）进行定量分析，从中找出科学活动规律性的一门科学学分支学科。将科学计量学应用到隐喻相关的文献研究，可以直观呈现出隐喻在未来的研究趋势。根据库恩的科学发展模式理论[108]，科学文献中的新兴趋势和主题变化是由内部和外部原因所造成的，内因是某一学科中的新发现和重大突破，而外因是指引发研究者从新的视角去研究问题的事件的发生。识别和理解由这些事件所引发的学科发展的新趋势和突变，能够极大地提高研究者适时应对这些变化的能力。科学计量学的研究成果表明，影响学科和领域发展趋势的因素主要包括研究领域的主客体特征和过程特征[109-110]。

因此，本书选择与研究领域趋势相关的六个方面的因素：

（1）当年的关键词频数；

（2）出现在文献摘要中的频数；

（3）关键词存在的年限；

（4）当年新增作者的论文数量；

（5）基金资助论文的数量；

（6）跨学科提及的数量。

当年的关键词频数可以体现隐喻研究的关注点所在。文献摘要中关键词出现的频数体现了其研究的主题。关键词存在的年限从侧面展示了研究经过的时间跨度。新增作者作为领域研究的新鲜血液，发挥着引导研究方向的作用，对于他们发表的文献数量的研究在某种程度上可以作为趋势预测的依据。基金资助文献的数量反映了国家对此领域的重视程度，也将影响趋势的预测。跨学科提及的数量也从侧面显示出此领域和其他领域的交叉度、研究发展的延伸度。

2.5.2 基于回归模型的趋势预测

回归模型是一种通过研究因变量和自变量之间的关系来进行趋势预测的建模技术。回归模型的使用解决了多元回归分析中不能存在二分性的问题。常用的回归模型包括线性回归、逻辑回归、多项式回归等。然而线性回归与逻辑回归对于异常值较为敏感，易出现欠拟合的情况；多项式回归需要人工定义指数大小，易发生过拟合，对于预测的效果影响较大。为了避免以上问题，本节使用梯度上升回归树模型对隐喻相关文献的热点趋势学习预测，对影响趋势发展的各项特征进行建模处理，进而决定影响概率、定性变量以及二分性变量的主要因子[111]，最终通过预测热点词的出现频数来体现隐喻的发展趋势。

1. 梯度上升回归树

梯度上升回归树（GBDT）是一种迭代的决策树模型，该模型由多个分类回归树（CART）构成，可用来解决回归问题和分类问题。GBDT 模型每一次迭代是为了减少上一次的残差，根据残差的梯度训练建立新的 CART，最终得到一个强学习器。CART 是一种二叉树，根据最优划分点将样本数据划分为两个子样本集。最优划分点的度量标准为基尼（Gini）指数，计算过程如公式（2.7）所示：

$$\mathrm{Gini}(S)=1-\sum_{i=1}^{m}p_i^2 \tag{2.7}$$

基尼指数越大，说明划分后的子样本集数据纯度越高。CART 构建的策略是将样本划分后基尼指数最大的划分点作为最优划分点。GBDT 模型的损失函数主要使用平方误差损失函数，计算过程如公式（2.8）所示：

$$L\left(y,f(x)\right)=\frac{1}{2}\left(y-f(x)\right)^2 \tag{2.8}$$

式中，y 为真实值；$f(x)$为预测值。负梯度 $-\frac{\partial L}{\partial f(x)}=y-f(x)$，$y-f(x)$ 即为前文所说的残差，GBDT 模型学习的过程就是通过拟合残差来训练 CART。该模型可灵活处理各类型数据，在参数较少的情况下也可以具有较高的准确率，并且具有较强的鲁棒性。

2. 基于回归模型的隐喻研究热点预测

为了预测隐喻问题未来的研究趋势，本书提出通过预测领域热点词在未来文献中出现的频数来彰显隐喻问题未来的研究趋势。实验数据使用 CNKI 上 1980～2018 年隐喻相关文献及其关键词。文献中的关键词用于表达文献内容的主题，一般研究热点来自于这些文献主题。因此本书使用 TextRank[112]方法从所有主题词中选择前 100 个词作为预测的热点词，然后预测这些词在下一年度中的频数，以此来推测新一年的研究热点。

TextRank 方法是一种关键词提取算法，可用于提取关键词、短语和自动文本摘要，具有简洁高效的优势。数据特征共选取 6 种特征：当年的关键词频数、出现在文献摘要中的频数、关键词存在的年限、当年新增作者的论文数量、基金资助论文的数量及跨学科提及的数量。标签为下一年所选热点词在文献摘要中出现的频数，共得到 3700 条训练样本。为了体现 GBDT 方法的有效性，本书使用其他机器学习作为对比实验，其他回归模型有：逻辑回归、决策树回归、K 近邻回归及随机森林回归。

对于回归任务，常用的评价指标有均方误差（MSE）、平均绝对误差（MAE）、决定系数（R^2）等。MSE 用来评价预测值与真实值的平方差距，MSE 的值越小说明数据拟合越精确，计算过程如公式（2.9）所示。MAE 表示预测值与真实值之间的平均差距，计算过程如公式（2.10）所示。R^2 得分表示回归模型对真实值的拟合程度，计算过程如公式（2.11）所示，R^2 得分越大说明模型拟合效果越好。MSE 与 MAE 均表示预测值与真实值之间的误差，因此本书使用 MAE 与 R^2 评价指标作为模型衡量标准。实验中随机取所有样本的 10%作为测试集，并使用五折交叉验证来评估模型的性能。实验结果如表 2.3 所示。

$$\text{MSE}=\frac{1}{m}\sum_{i=1}^{m}\left(y_i-f(x_i)\right)^2 \tag{2.9}$$

$$\text{MAE}=\frac{1}{m}\sum_{i=1}^{m}\left|\left(y_i-f(x_i)\right)\right| \tag{2.10}$$

$$R^2=1-\frac{\text{SS}_{\text{residual}}}{\text{SS}_{\text{total}}} \tag{2.11}$$

实验结果中梯度上升回归树模型的评价指标均优于其他模型，说明该方法对于热点词的预测更加接近于真实值，预测效果更好。

表 2.3 热点词回归预测实验结果

回归模型	MAE	R^2
逻辑回归	14.14	0.66
决策树回归	8.83	0.73
K 近邻回归	7.14	0.85
随机森林回归	6.69	0.90
梯度上升回归树	6.59	0.93

2.5.3 研究发展趋势分析

本书将基于 LDA 的主题向量和热点词的词向量进行相似度计算，旨在把每一个热点词归属到某种主题中。向量相似度由欧氏距离、皮尔逊相关系数以及余弦相似度三者的平均值求得，最终结果如表 2.4 所示。

表 2.4 基于梯度上升回归树的主题预测及热点词

序号	主题	热点词
主题 1	外文隐喻	认知、英语、思维、语言学、语义、对比、语境、相似性、社会理解、汉语、英汉、英语教学等
主题 2	隐喻翻译	文化、翻译、小说、叙事、政治、文学、诗歌、电影、视觉、学习、主题、经济、新闻、大学、影片、审美、美国人等
主题 3	文学隐喻	功能、能力、策略、模式、中国、艺术、哲学、心理、方式、神话系统、精神、整合、形象、设计、方法、价值等
主题 4	隐喻类别	隐喻、语言、意象、语法、词汇、语篇、转喻、修辞、象征、情感图式、符号、喻体、话语、疾病、语用、习语、名词、身份等
主题 5	隐喻理论	概念、理论、空间、教学、映射、意义、分析、研究、结构、模态机制、关系、关联、特征、教育、范畴、模型、构建等

本书根据 2018 年热点词的数据特征，使用梯度上升回归树模型预测出 2019 年热点词出现的频数，然后计算 2019 年与 2018 年频数的差值，将其定义为趋势值，用以表明热点词的变化趋势。实验结果表明，“隐喻”一词增长最多，“文化”

一词负增长最多。通过统计不同主题中热点词的增长情况，得到每种主题的研究趋势。表 2.5 展示了五种主题在未来一年的趋势走向，隐喻类别方向研究在未来具有较高的关注度，外文隐喻和文学隐喻方向的研究关注度较低。

表 2.5　基于梯度上升回归树模型的主题趋势预测

主题	趋势值
外文隐喻	−31
隐喻翻译	18
文学隐喻	−15
隐喻类别	131
隐喻理论	23

根据基于有序聚类的历时分析和基于主题模型的共时分析的实验结果，我国学者对于隐喻的认知开始于外文隐喻和外国文学中的隐喻研究，经历的时期最长，在研究上已经趋近于饱和。对概念隐喻理论和概念整合理论的深化研究会不断促进更多的隐喻分支及跨学科研究，将隐喻理论运用到实践中必将是未来的研究趋势。

2.6　本 章 小 结

本章针对目前隐喻趋势的研究方法的局限，提出了从历时和共时两个维度对从 1980～2018 年刊登在 CNKI 上隐喻相关的文献进行分析研究。首先从历时角度运用有序聚类模型进行建模，结合现有的对国内隐喻现状的总结归纳进行阶段的划分，再利用 TF-IDF 提取每一阶段的特征，抽象出主题，进行分析归纳，最终得出国内的隐喻研究过程历经“萌芽”“起步”“增长”“多元”四个阶段。再从共时的角度提取特征频率，使用 LDA 进行主题的抽取，得到“外文隐喻”“隐喻翻译”“文学隐喻”“隐喻类别”“隐喻理论”五个主题并进行了分析探讨。最后结合科学计量学原理，从研究领域的主体、客体和过程特征，总结出六种特征，使用梯度上升回归树模型对隐喻相关热点方向进行了趋势预测。结果表明，外文隐喻方向由于研究已趋向饱和，所受关注度将呈现降低趋势。然而有关隐喻类别的研究，特别是对于名词以及动词的隐喻识别方面，将会得到较高的关注度。

3 基于认知视角的隐喻语料库构建

3.1 概　　述

随着互联网技术迅猛发展和人工智能的迫切需求，隐喻计算研究有了很大的进展。学者越来越重视隐喻在思维和语言中的核心地位，提出了大量隐喻计算模型以及分析方法，但同时也面临着巨大的困难和挑战。其中比较重要的问题之一就是隐喻的资源建设问题。隐喻的“非字面义”决定了它对语义知识具有很强的依赖性，语义资源建设是隐喻识别的基础。只有在大规模、高质量语义资源支撑下，隐喻研究才能更加深入、广泛地进行。虽然需求迫切，但是隐喻资源建设仍相对匮乏，隐喻计算研究一直是自然语言处理的难题，其中一个重要原因就是用以支撑其深入研究的语言资源严重缺乏[113]。隐喻语义资源建设的研究具有如下重大的理论和应用价值。

1. 探究隐喻定量分析方法

隐喻认知的系统性和复杂性用还原论的研究方法较难证实。目前对隐喻的研究主要在定性分析领域。例如对隐喻本体、喻体、喻底及情感等信息大多为定性描述，具有主观性、模糊性等特点，这种非定量分析使得隐喻研究很难与其他自然科学交融，从而制约了发展。在大数据时代，信息量越来越大，传播、更新速度越来越快，而此时定性分析反应时效慢，分析数据量有限，因而面临极大的挑战。本章利用自然语言处理、机器学习、文本挖掘等方法进行隐喻采集、获取等研究，并对隐喻标注和规范化深入分析，为隐喻的研究融入了新的思路和内容，拓展了研究方法，推动了隐喻研究从定性到定量分析的发展。

2. 揭示概念隐喻认知机制

概念隐喻研究通常从源域和目标域的识别、分析着手，研究从源域到目标域的映射实现过程，因此概念隐喻认知机制研究是以源域、目标域及映射的获取、识别为基础的研究。本章尝试利用知识库实例数据对英汉隐喻的源域、目标域和两者之间的映射展开识别和分析对比研究，利用知识库的各种方法在大量数据中发现隐喻使用的规律和模式，解决目标概念知识和源域概念知识获取问题，揭示概念隐喻认知机制的本质。尤其把探讨汉英隐喻认知机制的共性和差异性作为重点，弥补目前国内外隐喻研究中汉英对比研究的不足，为概念隐喻的认知机制理论研究和汉英双语对比研究做出有益探索。

3. 提高机器翻译性能

语料库等资源让计算机获得人类具有的“知识”，能够提高机器翻译的性能。隐喻的识别与消歧是机器翻译棘手的问题之一，其翻译结果和人工翻译还有很大距离，根源在于计算机对复杂语言知识和规律认识有限。本章构建情感隐喻语料库，丰富计算机的隐喻知识，使隐喻翻译方式始终以语义为核心，实现语义层面从源语到译语的转换，更加接近人类对语言的理解，翻译精确度理论上会更高，因此对于机器翻译具有很大的应用价值。

4. 提高情感分析精度

情感建立在人类体验的基础上，是认知过程中重要的组成部分。然而情感抽象且丰富，诸如喜、怒、哀、乐等情感很难表达与描述。在这种情况下，人们常常把情感隐喻化，使用隐喻描述与表达抽象的情感，是情感概念建立和表达的主要方式。因此隐喻作为一种特殊的隐式情感表达在影响情感分析精度方面占有重要地位。同时隐喻的认知性决定了它对知识具有很强的依赖性，因此，与目前大部分隐喻资源和情感语义资源相比，隐喻语料库建设对于情感分析尤为重要。

5. 建立连接汉英情感隐喻理解的桥梁

能否熟练地使用目标语中的隐喻，是第二语言学习者语言沟通能力高低的重要标志，也是英语作为第二语言在外语教学中的难点。汉英隐喻的内涵和所传递的情感具有很多差异，本章将对本体、喻体以及喻底进行标注，并通过喻底建立汉英隐喻语义关联，获取具有相同喻底的汉语和英语隐喻实例。教师可以指导学生在比较分析中解决隐喻学习中目标概念知识和喻源概念知识获取问题，揭示概念隐喻认知机制的本质和隐藏在隐喻背后的意识形态，了解语言转换规律和文化渊源，深刻理解不同的文化风俗及语言习惯，从而尝试利用双语知识库的隐喻资源进一步提高二语学习者的语言应用能力。

目前国外隐喻资源建设大致上能够传承和相互借鉴，在标注体系设计和语料采集加工等方面比较全面和完善。建设中主要以概念隐喻理论为指导，采用人工或人机结合的方式，从概念和词汇两方面提供源域、目标域、字面义、隐喻义等隐喻映射的分析和标注。在语料采集、标注、语义分析等方面取得了一系列成果，出现了一批诸如 Master Metaphor List[44]、METALUDE[113]、MetaBank[114]、Hamburg Metaphor Database[30]等影响力较大的研究。例如，MML 是最早在概念隐喻理论指导下建立的常规隐喻语料库[44]。许多有影响力的隐喻语料资源都一定程度上借鉴了 MML 的构建理论和方法。MML 语料来源于英文隐喻书籍文献、在线论坛和学生作文中的隐喻实例。以此为基础，Lakoff 等将隐喻分为情感、时间结构、心理事件和其他四大范畴。在此范畴下的隐喻包含了从源域到目标域映射实现的过程描述和对应例子。但是 MML 在对概念隐喻映射描述的同时，并没有兼顾隐喻词汇化方面。

METALUDE 是一个在线交互隐喻英语语料库[113]，建设初期收录了 9000 多条隐喻实例及其本体、喻体、字面义、隐喻义、词性、分类等信息，并在逐步扩充和完善。与 MML 不同的是，METALUDE 从词汇角度考察隐喻，并且按照词汇学标准选择和录入语料。但是其情感按照概念隐喻进行描述，并没有对类别进行详细划分，不利于面向情感计算的隐喻研究。MetaBank 是应用于自然语言处理的隐喻知识库[114]，其构建体系建立在隐喻的采集、泛化与拓展等方面，推动了隐喻计算中资源建设方法的研究。语料采集使用了 MML 的两个语料库：华尔街日报语料库和 UNIX 下的邮件文本语料库。由此可以看出，MetaBank 并不关注隐喻的情感因素，仅仅适用于专门领域的隐喻研究。Hamburg Metaphor Database 是少数面向多语言的隐喻语料资源代表，可供在线搜索的德语、法语数据库[30]，主要包括例句、词条、隐喻义、字面义、源域、目标域等字段，也以词汇化隐喻为建库对象。此外还有 Sense-frame[35]、ATT-Meta[115]等隐喻语料资源。目前国内隐喻资源建设的研究仍处于起步阶段，以厦门大学研制并公布的汉语隐喻句库为代表[35]，它包括 1 万个汉语隐喻句，规模有限，且不支持情感分析。

隐喻计算模型以及隐喻的情感分析方法中，比较重要的问题就是隐喻的标注问题，隐喻自动处理需要标注隐喻句子，而隐喻句子的收集和标注存在一定的困难，尤其在标注过程中，标注者对于情感隐喻的理解十分重要，这是一项主观性较强的工作。目前的标注方法比较单调，任务分配具有较大的随机性，没有充分考虑标注者的个性化特征。因此，如何提高标注质量，如何寻找合适的标注者，也是隐喻识别亟待解决的问题。

隐喻标注研究集中在词汇隐喻标注[116]和隐喻映射标注[117-119]两大类。词汇隐喻标注主要涉及词汇字面义和隐喻义用法的区分、源域词汇和目标域词汇的标注以及隐喻文本中各个词汇成分的标注。映射标注需要标注出隐喻的源域和目标域，大部分研究集在诸如政治、金融、教育、食物等限定的领域内[120-122]，也有一些通用领域的研究[17]。隐喻人工标注依靠标注者主观判断，并且需要标注者具有一定的语义理解能力。对于诸如隐喻字面义与隐喻义用法的区分以及隐喻映射的判断还需要标注者具有一定的语言理解及认知能力。目前绝大多数隐喻标注利用小规模的标注者，制定详细的标注规则并对其进行培训[119]，最近也有研究使用众包进行隐喻标注[123-124]，但都是随机分配任务，并不考虑标注者的个性和多样性。

基于上述分析，本章以认知语言学为理论指导，旨在构建一个面向隐喻自动处理的汉语隐喻语料库。构建过程中提出了一种新的隐喻标注方法，即注重标注者的个性化特征，结合标注特长和习惯，弹性分配标注任务。同时做到“小众任务优先分配”，根据标注能力分配任务数量。本章研究有利于提高隐喻标注的质量，为采用自然语言处理和机器学习方法实现隐喻识别提供数据支撑，提高隐喻识别与理解的效率与精度，并且有利于中西隐喻对比研究进一步发展。这将作为后续隐喻识别、跨语言隐喻识别的基础。

3.2 隐喻语料库构建

3.2.1 概念界定

根据语言学、语料库构建及隐喻计算的理论和原则界定隐喻及本体、喻体、喻底等涉及概念的内涵和特征；通过文献研究、语言学和计算机专家意见征询及隐喻实例调查，从便于情感隐喻形式化表达与计算的角度出发，对概念进行整合、修改、删减等规范化处理，确定面向隐喻语料库相关概念界定。

例如，对“隐喻”的定义，本节采用前文概念隐喻理论（见 1.2.1 节）中 Lakoff 等对隐喻最广泛的定义：隐喻的本质是用一类事物理解和体验另一类事物，即用源域中的简单、具体的事物去感受理解目标域中的复杂、抽象事物。依据此定义，本节将所有在思维过程中使用事物 B 范畴的词语来描述事物 A 的性质特征的过程都归于隐喻范畴。按照这种划分，从修辞角度定义的明喻、暗喻、拟人、通感、借代等都归属到了隐喻的范畴。其中被描述的对象 A 称为本体（tenor），用于描述本体的事物 B 为喻体（vehicle），A 与 B 相似性或相邻的特征为喻底（ground）。连接 A 与 B，表示隐喻关系的连接词，如“as”“like”“好像”等称为触发词（indicator）。

以“情感”概念的界定为例，心理学家对情感进行了大量的定义和描述（例如文献[125]、[126]）并探讨了情绪（emotion）、情感（affect）、心境（mood）和感受（feeling）等概念之间的联系和区别。其中文献[127]对此进行了细致的划分：把情绪描述为由刺激引发的、短暂而强烈的心理反应；而心境是对情绪的体验和感受；情感所指范畴较为广泛，通常涵盖了情绪和心境，具有持续性、社会性等特点；感受则是强调情感过程的体验和感受。本节从情感计算角度，以便于计算机分析理解和表示为原则，把“情感”定义为人对客观事物的所有主观反应与体验，对以上概念并不做具体区分。

3.2.2 标注框架

本书构建了一个面向情感识别的汉语隐喻语料库，采用人工标注和机器标注相结合的方式。为实现此目标需要以下 3 个策略予以支持：

（1）确立知识采集策略及收录原则；

（2）制定语言标注体系的原则和规范，选择标注集；

（3）设计质量监控体系，保证隐喻知识的正确性和一致性。

利用面向自然语言处理的语料标注分为 4 个步骤，如图 3.1 所示。

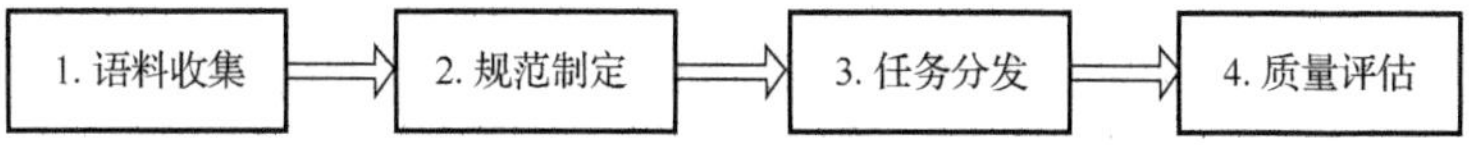

图 3.1　语料标注过程

因为这是面向隐喻标注的标注系统，隐喻标注的单位绝大多数都是句子，因此基于句子标注的特点，结合基于认知语言学的隐喻判定的基本原理，标注者对隐喻的主观理解十分重要，即标注者自身的认知和经验对于提升标注质量具有一定的影响力。

本节重点关注如何将合适的标注任务送给合适的标注者，使其能够发扬特长和经验优势，提升标注效率和精度。所以综合考虑标注任务的性质、标注者的个性特征和标注的质量保障等因素，给出标注的基本框架，如图 3.2 所示。

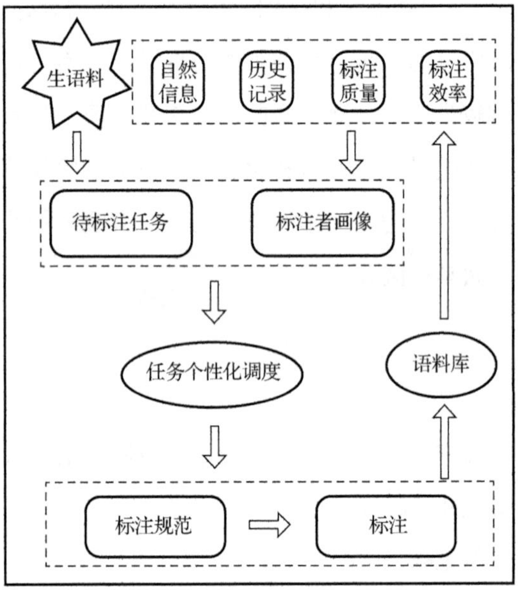

图 3.2 基于个性化任务分配的标注框架

3.2.3 语料采集

本语料库标注系统的语料来源十分广泛，语料采集遵循历时和共时的原则，同时由于本语料库为情感隐喻语料库，因而筛选时去除隐喻背后不包含情感或者包含的情感模糊、较难分辨的语句。历时性和共时性来自语言学原则，目的是保证收集到的语料更加均衡、客观、全面。历时性语料可以帮助考察汉英情感隐喻的形成轨迹和语义变化规律[128]，例如一些语义并不明晰的词语，只有从历时的角度才能观察其概念形成的过程，从共时角度则很难做到。而那些语义明晰的表达，例如“千疮百孔”“欲盖弥彰”等，从共时的角度就可以理解和描写其映射实现过程。收录的语料语句体裁有小说、散文、童话故事、时政要闻、报刊评论、网络评论等，来自体育、文学、经济等多个领域。

为了达到历时性要求，本书采集的语料既包括 30 多年前完成的经典文学作品，也包括最近一年的期刊、网络微博等，其中网络新催生隐喻实例保证了语言数据的鲜活性。在共时性收录原则指导下，以互联网、语料库、书籍资料文档为主要来源，收录包括教材、文学作品、网络博客、微博评论、在线购物、社交网站、歌词等覆盖各种领域与题材的语料，且在题材、体裁和时间的选择上基本保持一致。

隐喻语料库语料来源信息如表 3.1 所示。

表 3.1　隐喻语料库的语料来源信息

语料来源	详细内容	词语/个	句子/个	文章/篇
汉英隐喻书籍	《隐喻学研究》《认知隐喻翻译研究》《认知隐喻学》等 11 本书籍	18711	5123	262
汉英隐喻词典	*Collins COBUILD English Dictionary*、*A Dictionary English Metaphors* 等 3 部词典	22100		
寓言童话故事	伊索寓言、安徒生童话、格林童话	77054	4933	182
电影剧本	《美丽人生》《飘》《怪物史莱克》等 12 个电影剧本	124176	10875	489
文学作品	《青年文摘》《少年文艺》等 36 本期刊	4139112	226083	3623
教科书	《大学语文》、*College English* 等 22 册	321058	13109	568
微博	对事件及新闻等的评论	1250489	104207	52014
互联网	包含文学作品、网络博客、歌词和时事新闻等多种文体	1586670	137923	52959

根据对文献以及语料的研究，本书关注两类出现频率较多的隐喻：名词隐喻和动词隐喻。名词隐喻即由于名词的语义冲突而产生的隐喻。例如，在句子“她是母老虎”中，“母老虎”（源域）和“她”（目标域）属于动物和人两个不同的语义域，因此由于语义冲突产生了隐喻。动词隐喻即由于动词与其主语或者宾语语义冲突产生的隐喻，例如，“孩子编织了很多美好的梦想”，字面上意义上讲，“编织”的宾语一般是“网”“套”“草席”等具体事物，因此句子中目标域词汇“梦想”与源域词汇“编织”便产生了语义冲突。

3.2.4 语料标注

语料标注在语料的搜集之后进行，选择有利于机器辨别和学习的标注方式。语料库标注是对原始语料进行加工，选择有利于语料存储的标注附码及表述形式，以便于机读的过程。TEI（Text Encoding Initiative）[129]是目前国际上采用的主流机读语篇的国际信息编码规范，由多国参与研究与制定，具有便于文本描述、适合多域标注与分析的特性。结合隐喻的特点及标注无歧义、简洁、便于标注等特殊需求及 TEI 的优点，本节采用 TEI 标注与自定义标注相结合的标注体系，以提高情感隐喻标注的准确性、一致性和标注速度，标注粒度为句子级。国外一些较著名的语料库，例如英国国家语料库（The British National Corpus），都采用此规范进行标注。

本节任务为隐喻识别，结合 TEI 标注标准，制定了相应的语料标注任务，需要标注者给出语句的目标域词汇、源域词汇、隐喻类别、触发词、数据来源的标注。本节构建的隐喻语料库标注体系如下式所示：

MetaphorModel=(Sentences,Target,Source,MetaphorCategory,[Indicator],Datasource)

上式按序分别指句子、目标域词汇、源域词汇、隐喻类别、触发词、数据来源。

名词隐喻例子：

```
<metaphor>
    <ID>W0312</ID>
    <Sentences>高工资是这个国家经济发展的一张王牌。</Sentences>
    <Target>高工资</Target>
    <Source>王牌</Source>
    <MetaphorCategory>Y</MetaphorCategory>
    <Indicator>是</Indicator>
    <DataSource>W</DataSource>
</metaphor>
```

动词隐喻例子：

```
<metaphor>
        <ID>W2289</ID>
        <Sentences>他常常编织着自己未来的梦想</Sentences>
        <Target>梦想</Target>
        <Source>编织</Source>
        <MetaphorCategory>V</MetaphorCategory>
        <Indicator></Indicator>
        <DataSource>W</DataSource>
  </metaphor>
```

3.2.5 质量监控

由于隐喻语料库标注工作由多人参与完成，工作繁杂庞大，加之语言本身的复杂性、人类认知的多样性等原因，为了保证标注的质量，引入质量监控手段是十分必要的。规范的标注说明、隐喻标注系统都是质量监控的有效手段。设计一套规范化的操作方法，保证语料在录入、标注和标注完成时的准确性和一致性十分必要。本书主要从标注准则、录入过程两方面完成语料库的质量监控。

1. 标注准则

本书制作了详细的情感隐喻标注说明书，逐条解释了标注的规范、标准以及难点和常见问题（如喻底的识别和标注），并提供了大量标注实例作为参考。在标注前要求参与者仔细学习理解，同时给出了多个类型的例句，作为供参考的衡量方式，对标注者加以有效的引导。

2. 录入过程

本书进行语料标注时，对词条信息采用多重人工检查流程，并严格控制信息的更新。针对隐喻词汇本体在人工标注中出现过的问题进行思考和改进，提出了运用计算机程序实现标注的方式。程序使得标注过程更加简明、便捷，与参与标注者的智慧相结合，既保证了标注的规范性，又不失灵活性。使用标注系统时，参与标注人员需要用自己的姓名或者代号登陆，其在标注系统中的行为都在系统中留下记录，方便查询和回退。同时可以对每次标注添加注释，方便后续工作。标注系统提供了语句的本体、喻体、语料来源和其他一些注释的标注功能，标明需要用到的领域规则、标注标准以及一些可供参考的文献。标注系统内部逻辑包含了质量监控手段，能够对不符合规则的标注给出错误提醒。经过实践证明，该标准系统的应用提高了语料库的构建效率。

3.3 个性化标注方法

3.3.1 标注者画像

标注者是语料标注中最重要的因素，因此对于标注者的个性特征的刻画将有助于更好地分配标注任务，更好地发挥标注者的标注“智慧”。考虑到标注的对象是自然语言书写的文本片段，采用以下方式描述标注者的个性特征，即标注者画像。

（1）自然信息：学号、专业、年级、性别。

（2）标注历史：所有标注过的任务（句子集），包括每个句子标注结果评价信息。

（3）标注效率：平均标注一个句子的时间开销。

（4）标注质量：平均准确率（抽样）、标注一致率等。

这些特征可以为本书的任务分配提供有价值的信息，例如：可以根据给定的标注任务，判断标注者对于这类任务的标注经验，将合适的任务分配给合适的标注者；可以通过完成标注的质量和速度，衡量标注者的标注能力，进而可以小幅度调整标注者的工作量。

3.3.2 任务分配

标注任务分配模型为

$$\mathrm{Assign}(U) = f\left(\mathrm{Profile}(U), \mathrm{Task}(S), \mathrm{Spec}, \mathrm{Load}\right)$$

式中，Assign(U)是分配给标注者 U 的标注任务；Profile(U)是标注者 U 的画像，提供标注者的标注特长和标注质量信息；Task(S)是待标注的任务集 S（隐喻句子集）；Spec 是标注规范；Load 是标注任务量，即此次任务分配每个人所要承担的任务量。

分配的原则是每个标注者都有自己的特长，要把合适的标注任务分给合适的标注者。同时，要考虑质量和效率，在时间约束下，取得最大的效益。

所谓的合适的任务分给合适的标注者，本质就是寻求标注者的历史标注记录和待标注的句子之间尽可能地存在相似的内容。

因为在隐喻标注过程中，以句子为单位，所以一个任务就是一个待标注的句子。为了方便表述，任务和句子将不再加以严格区分。下面以句子相似度作为衡量任务和标注者个性特征之间匹配程度的桥梁。

1. 句子相似度

本书处理的对象是隐喻句子，对于隐喻目前研究较多的是动词隐喻和名词隐喻，所以句子的结构中动词和名词是值得关注的部分。

编辑距离的算法最初由 Levenshtein[130]提出，故称之为 Levenshtein Distance。编辑距离就是用来计算从原串（O）转换到目标串（T）所需要的最少的编辑操作数目，编辑操作有“插入”“删除”“替换”三种。编辑距离可以度量两个句子形式上的相似程度，但是没有考虑被插入、被删除或者被替换的词本身语义，例如同义词之间相互替换后的句子其相似度应该高于其他词的替换情况，但是编辑距离却是一样的，这也是利用编辑距离计算句子相似度时不太合理的地方。

改进的方法就是使同样的编辑操作因为编辑的词汇的语义距离不同而编辑距离也不同，确切的描述就是对于语义相近的词所进行的替换，其编辑距离应该变小，这样使得编辑距离具有了一定的语义理解能力。同时，对于不同的编辑操作，根据操作的词汇情况，给予不同的权重变化。

对于“插入”和“删除”操作，如果插入或者删除一个词性为动词和名词的词汇则有可能对句子结构产生影响，如果插入或者删除一个其他词性的词汇也许对于整个句子结构的影响会小一些。因此定义“插入”和“删除”操作的权重为 $\frac{1}{1+\mathrm{Pos}_W(w)}$，其中，$w$ 为插入或者删除的词汇，当 w 为动词和名词词性时，$\mathrm{Pos}_W(w)=1$，否则为 0。

对于“替换”操作，如果替换词汇与原来的词汇是语义相同或者相似的，则权重是 $\frac{1}{1+\mathrm{Sim}_W(w_1,w_2)}$，$\mathrm{Sim}_W(w_1,w_2)$ 是利用所替换的词汇之间的词向量按照余弦方式计算相似度，w_1 是被替换的词汇，w_2 是替换的词汇。

句子 S_1 和 S_2 改进的编辑距离的计算过程如下所示：

$$\mathrm{Edit}_W(S_1,S_2)=\sum_{u\in\mathrm{Ins}}\frac{1}{1+\mathrm{Pos}_W(u)}+\sum_{w_1,w_2\in\mathrm{Rep}}\frac{1}{1+\mathrm{Sim}_W(w_1,w_2)}+\sum_{v\in\mathrm{Del}}\frac{1}{1+\mathrm{Pos}_W(v)} \tag{3.1}$$

式中，u 为插入的词汇，即属于 Ins 操作对象；w_1、w_2 是替换词汇，即属于 Rep 操作对象；v 为删除的词汇，即属于 Del 操作的对象。两个句子相似度的计算过程如下所示：

$$\mathrm{Sim}_S(S_1,S_2)=\frac{1}{1+\mathrm{Edit}_W(S_1,S_2)} \tag{3.2}$$

2. 标注任务与标注者的相似度计算

因为标注任务是隐喻句子的标注，因此标注任务基本单位就是句子，所以任务与标注者的相似性可以利用历史标注过句子与待标注的句子来获取。

设标注者U_j的已标注句子集为$\left\{S_{j1},S_{j2},\cdots,S_{jN_j}\right\}$，共计标注了$N_j$个正确的句子，$j=1,2,\cdots,N$。待标注句子为$S_{0i},i=1,2,\cdots,N$。

计算待标注句子S_{0i}与标注者的内容相似度，即计算待标注的任务与标注者历史标注过的任务之间的相似度，然后求得平均值，计算过程如下所示：

$$\mathrm{Sim}_U\left(S_{0i},U_j\right)=\frac{1}{N_j}\sum_{k=1}^{N_j}\mathrm{Sim}_{\mathrm{Sen}}(S_{0i},S_{jk}),\quad i=1,2,\cdots,M;j=1,2,\cdots,N \tag{3.3}$$

3. 构建任务分配序列

任务分配的顺序会影响任务完成的效率和质量。例如，如果不加限制，可能会出现这样的情况，有些任务适合于大多数的人，即属于“大众”任务，首先进行分配时，很容易找到合适的标注者。但是再遇到比较“小众”的任务，只有很少一部分标注者可以承担，但是这些标注者的任务已经满负荷了，被一些通用任务占满，就不能承担此任务。那么只好找一些不太合适的标注者来完成，对于质量和效率都会有一些影响。

因此，按照任务的普适程度，从低到高进行分配，使得“小众”的任务能够更好地完成。具体方法如下：

（1）对于任务$S_{0i}(i=1,2,\cdots,M)$，选取与该任务相似度大于指定阈值θ的标注者。

（2）构成集合$U_i(\theta)=\{U_j\mid\mathrm{Sim}_U\left(S_{0i},U_j\right)\geqslant\theta,i=1,2,\cdots,M;j=1,2,\cdots,N\}$，可以看成完成标注任务$S_{0i}$的潜在标注者集合。

（3）按照$\left|U_i(\theta)\right|$（集合的长度）从低到高排序。

（4）如果$\left|U_i(\theta)\right|$相同，则按照$\mathrm{Sim}_U\left(S_{0i},U_j\right)$从低到高排序。

（5）如果$\mathrm{Sim}_U\left(S_{0i},U_j\right)$相同，则按照$S_{0i}$的原始序号$i$从低到高排序。

由此，构建了待标注任务的分配序列，不妨仍采用原来的标记$S_{0i}, i=1,2,\cdots,M$。

4. 基于个性化特征的标注任务分配

假定每个人基本任务量为 L，考虑到标注者能力差异，为使得任务的调度更趋于灵活，采取非均衡式分配，允许在基本任务量 L 之外，最多增加 P 个标注任务，以便于将标注任务赋予更合适的标注者。此处 P 值严格控制，以免增加太多的负担，造成任务量失衡。每个标注者能够赋予多少额外的任务，取决于标注任务与标注者的相似度，即内容是否熟悉，还有一个重要的因素就是标注者的能力。标注能力由标注质量和效率两个方面组成。最理想的状态是又好又快，最糟糕的情况是又差又慢。难以取舍的是质量还可以，就是速度有点低，或者标注速度很快，质量不太理想。因此本书受到信息检索评价指标 F_1 的启示，采取综合评价的方式来度量标注能力，定义标注者能力指数为$a_j = \dfrac{2q_j v_j}{q_j + v_j}, j=1,2,\cdots,N$。$q_j$ 为标注者画像中的标注质量规范化的结果，即平均准确率；v_j 为标注者画像中的标注速度规范化的结果，即平均标注速度；N 为标注者数目。显然，$0 \leqslant a_i \leqslant 1$。

每个标注者可能的任务增量取决于$a_i P$，则每个标注者的最终获得分配的任务量为$u_j^0 = L + a_i P$。

这里的任务分配不再是平均分配，而是根据内容、能力综合考虑进行分配，而且不再是打包式分配或者随机分配，而是根据标注的句子与标注者个性特征相符合的程度直接分配，更能发挥个性化标注的能力，起到了筛选标注者的作用。

综上所述，考虑到标注句子与标注者特征的相似度，考虑到“小众”任务与“大众”任务调度机制，根据标注者的能力调整所承担的任务量，给出最终的任务分配算法。

标注者状态序列$U_{0j} = \left\{ \left(U_j, u_j \right), j=1,2,\cdots,N \right\}$，要求有 D 个标注者同时标注这一任务，$D \geqslant 2$。

任务分配算法：

{初始化}。

$u_j = 0, j = 1,2,\cdots,N$，{$u_j$ 为标注者 U_j 的当前任务量，N 为标注者数量}。

计算 $u_j^0 = L + a_j P, j = 1,2,\cdots,N$；{$u_j^0$ 为标注者 U_j 可承担的最大任务量，L 为基本任务量，P 为可以调整的最大任务量，a_j 为标注者的标注能力指数，此处要进行取整运算}，k=0;{当前同时标注一个任务的标注者数量，D 为同时标注一个任务的必要人数，一般不小于 2 人}。

i=1{任务序号}。

按照顺序读取待标注任务的序列 S_{0i}；{$1 \leqslant i \leqslant M$，$M$ 为任务数量，按照任务的候选标注者的数量从低到高顺序}。

对于 S_{0i} 选取与之相似度最高的标注者 U_j。

检查标注者 U_j 的当前任务量是否超出指定任务量 u_j^0。

如果没有超出，任务量 $u_j = u_j + 1$，$k = k + 1$；否则寻找下一个相似度最高的标注者。

如果 $k < D$ 则继续分配；否则 $k = 0, i = i + 1$。如果任务没有分配完毕则读取下一个任务。

3.4 实验结果及分析

3.4.1 获取标注者画像

首先，征集隐喻标注的志愿者，在学校的研究生和部分本科生中招募，获取他们的自然信息，包括学号、专业、年级、性别、成绩等。

然后，进行标注规则的讲解和示范，由于隐喻理解的主观性成分较多，所以对于标注的可操作性和规则的透明性要求较高。日常生活中的隐喻概念和认知对于隐喻标注也有一定的影响，所以标注培训十分重要。

最后，进行模拟标注训练。本节将事先标注好的 840 条隐喻句子，按照每人 200 条随机分发给事先经过培训的标注者，标注后提交，进行评价，从而获得他们标注的初步经验和标注质量，丰富标注者的画像个性化信息。

3.4.2 标注实验和结果

本节对待标注的 2350 个情感隐喻句子进行个性化标注的实验。标注者被分成两组，一个为普通组，一个为改进组，每组均为 12 人。将普通组和改进组的 12 人均分为 3 人一组，共分为 4 组。3 人同时标注，采取多数原则和小组协商机制确定最终的标注结果。

普通组的标注策略采取传统的定人定量的方式，即把数据集划分为固定的标注任务集，随机分配给每一个人。

改进组的标注策略是根据每个人的特长和能力，将合适的句子分配给合适的标注者，主要依据是标注记录与待标注句子的相似度。此外，考虑到每个人能力不同，计算能力指数兼顾了准确性与速度的度量，实行能者多劳的原则，当然，增加的额外工作量是有一定限制的，最大额外工作量不得超过 59 个句子，即不超过基本任务量的 10%。

使用 Fleiss' Kappa 进行语料的标注一致性检验。首先选择 3 名学生同时对 1200 个句子进行标注。然后，使用 Fleiss'Kappa 计算标注一致性的结果，K=0.89，说明标注具有较高的一致性。实验结果如表 3.2 所示。

表 3.2 隐喻标注实验结果

组别	标注者人数	标注量最大/最小	平均准确率/%	最终准确率/%
普通组	12	300/300	88.4	93.6
改进组	12	328/265	91.9	96.6

实验表明，采取基于标注者个性化特征的任务分配可以有效地提升标注质量和速度，可以充分发挥标注者的经验优势，弹性化的任务分配使得标注质量高的标注者可以获取少许额外的任务量，更好地发挥其特长。尤其对于“小众”任务，适合的标注者人数较少，因此本节采取优先满足的方法，使得“小众”任务的完成质量有所改善。

3.5 本章小结

本章首先开展了基于隐喻语义资源建设的研究，构建了一个大规模汉语隐喻语料库，包括 5630 个隐喻句子，总计 67860 字，用以满足隐喻计算对语言资源建设的迫切需求，并为后续的隐喻识别及其应用研究奠定基础。本章建立了以认知语言学为指导并具有较完善质量控制体系的隐喻语义资源，提出了基于认知语言学理论的语义描写框架，制定了规范、合理的标注体系和质量监控；鉴于目前语料标注任务分配随机性较大和忽视标注者个性特征的不足之处，本章提出了基于标注者画像的个性化任务分配机制，充分考虑标注者的个性和历时经验，优先满足小众标注任务，最大限度地实现标注任务与标注者经验的匹配，进而提升整体标注质量，提高标注效率。

4 基于语义资源和深度学习的隐喻识别研究

隐喻普遍存在于人类语言中，它在日常交流中使用频率非常高，每三句话中就可能出现一次，人一生平均使用 2100 多万次隐喻[1-2]。近年来，随着社交媒体的迅速崛起以及跨语言文化交流的持续深入，隐喻出现在更加多元化的平台上，也得到了更加广泛的关注。隐喻不仅涉及大量语言学知识，而且与认知语言学和心理学密切相关，因此，隐喻研究受到不同学科研究者的广泛关注，近年来在自然语言处理领域已逐渐成为一个重点研究方向[131]。

按照 Lakoff 等[1]的解释：隐喻是从一个具体的概念域向一个抽象的概念域的系统映射；隐喻是思维问题，不仅仅是修辞方式，更是一种认知手段。认知是指人们获得知识或应用知识的过程，它是信息加工的过程，是人的最基本的心理过程。从认知的视角有助于本书从概念间的映射和迁移来解释隐喻的本质及其属性。

隐喻识别的主要工作是利用自然语言处理技术判断隐喻的存在并且标注出隐喻，目前国内外的自然语言处理会议和期刊中均有初步的成果，但是研究的规模不是很大，处于正在兴起的阶段。

隐喻识别旨在赋予计算机像人类一样分析理解隐喻的能力，涉及计算机科学、认知语言学、心理学等多个学科的交叉，具有极其重要的理论和实际应用价值[11]。如果隐喻识别问题不能很好地解决，会严重影响自然语言的理解以及应用系统性能的提升。例如，在情感分析、阅读理解、人机对话、文本摘要、文本生成和机器翻译等领域，隐喻理解直接影响处理的精度。

当前隐喻识别及其应用研究刚刚起步，作为自然语言理解的重要环节，吸引了大量自然语言处理领域的研究者开展相关研究，研究成果发表于 ACL、EMNLP、COLING 和计算语言协会北美分会（North American Chapter of the Association for

Computational Linguistics，NAACL）等自然语言处理领域顶级国际会议上。目前主要集中在名词隐喻识别和动词隐喻识别技术。本章将围绕着名词隐喻和动词隐喻识别开展相应的研究。

4.1 名词隐喻识别研究

4.1.1 概述

1. 名词隐喻的概念

概念隐喻理论认为隐喻是用已知概念理解未知概念的认知过程，其工作机制是从源域到未知概念目标域的映射[1]。人类在认知过程中会遇到许多难以描述的复杂概念，这时就会通过隐喻的方式用其他已知概念去理解和构建复杂的未知概念。例如，在隐喻“效率是生命”中，就是利用“生命”去解释“效率”这个概念，“生命”的属性诸如“珍贵”通过映射的方式延伸到了“效率”的概念上。隐喻映射的基本表达式是“X is Y”，其中 X 代表未知概念，Y 代表已知概念。当说“X is Y”，即用 Y 来构建概念 X 的时候，是把 Y 的概念结构映射到了 X 上。事实上，X 映射的只是 Y 的部分而非全部属性，至于映射与 Y 的哪部分属性相关是由经验知识、文化、语境等因素决定的。有学者把隐喻源域到目标域概念结构的映射分为源域结构的位置、源域的关系、源域的属性和源域的知识。例如，在“LIFE IS A JOURNEY”这个概念隐喻中包含的映射如图 4.1 所示。

2. 名词隐喻识别研究现状

名词隐喻是指自然语言表达中通过连接词表征的隐喻类型，其源域与目标域通常均出现在句子中，识别的难点主要在于如何准确定位本体和喻体，进而推断具有隐喻义的喻底。常见形式是通过“是”“像”“宛如”等相连，如“她像一朵鲜花”为名词隐喻，喻词为“像”，本体为“她”，喻体为“鲜花”，本体为人类，喻体属于植物，是不同领域之间的映射。

LIFE IS A JOURNEY

JOURNEY (Source)	**LIFE (Target)**
Traveler	Person
Point of departure	Birth
Initial condition	Personal endowments
Baggage	Personal problems
Obstacles	External problems
Distance	Duration
Distance covered	Accomplishments
Destination	Life purpose
Termination	Death

图 4.1　概念隐喻映射“LIFE IS A JOURNEY”

目前针对名词隐喻识别的研究工作主要对特征层面的关注较多，早期研究中对语义知识规则和特征工程构建的方法较多。Fass[37]是较早对隐喻文本进行识别和理解的研究学者之一，通过语义规则识别隐喻文本。而 Wilks 等[39]在 Fass 的研究基础之上，通过语义资源 VerbNet 和 WordNet 中获取语义规则，用以自动识别隐喻。Jang 等[132]利用 WordNet 和 FrameNet 提供的分类信息以及 LDA 模型提供的主题分布信息，提出了全局上下文特征和局部上下文特征，对隐喻进行识别。Rai 等[133]构建一种图模型来检测上下文中的不一致性，在 VUAMC 和 TroFi 数据集上进行名词隐喻识别，提升了近 6%的准确率。上述研究方法均需要构建大量的语义规则和特征，需要耗费极大的人力。

近年来，随着深度学习的飞速发展，基于深度学习的方法在名词隐喻识别任务中得到了较快的发展。Do Dinh 等[134]在词向量的基础之上，提出一种神经网络模型识别隐喻，减少了对外部资源的依赖。Sun 等[135]充分考虑隐喻的序列特性和上下文依赖特性，将文本输入给 Bi-LSTM 模型以抽取特征从而进行识别隐喻。汪梦翔等[136]将隐喻知识看作是本体和喻体的特征和属性之间的关联，通过惯用语导入和句法模式识别机制来获取名词的隐喻知识。Bizzoni 等[137]首先构建词级别的

Bi-LSTM 模型，然后构建基于结构的循环图结构模型用以识别隐喻。Gao 等[138]在 Bi-LSTM 模型的基础之上，提出一种端到端的上下文建模的神经网络模型用于识别隐喻。

上述研究方法仅采用简单的特征工程或者深度神经网络模型进行名词隐喻的识别，其语义表示信息不够丰富，不足以分辨出名词隐喻的意义，需要根据不同的知识来源，结合上下文语言环境，从不同的维度获取语义表示信息，对名词隐喻的表示学习进行合理建模。这些研究证明，名词隐喻的识别和应用研究具有一定研究基础和较强的应用需求。但由于名词隐喻表达的复杂性和含蓄性，如何准确识别自然语言表达中的名词隐喻是一项亟待研究的课题，如何将名词隐喻识别的结果应用到写作、心理状态评估和计算机辅助外语教学等方面，仍需要投入更多的时间和人力加以研究。

现有的名词隐喻识别研究对名词隐喻的语义表示不够充分，无法提供更为精细的信息对字面义和隐喻义加以区分，如何从现有的语义资源和上下文神经语言环境中提炼出较为丰富的语义信息，从局部和全局的角度，提供细粒度的名词语义和属性的表示，提高名词隐喻的识别效果是亟待解决的问题。

本章主要采取的策略为构建多维语义表示机制，采用自注意力机制学习隐喻的潜在语言特征，充分利用已有隐喻语义资源，结合上下文语言模型的预训练，着重解决名词隐喻的语义表示不充分问题，构建基于深度语义知识的名词隐喻识别模型。

4.1.2 基于 Transformer 和 BERT 的名词隐喻识别

1. BERT 预训练模型

BERT 是由 Gao 等提出的全新的预训练的语言模型表示，刷新了十一项 NLP 的任务的最好性能，并且在阅读理解任务的两项测试指标上全面超越了人类[138]。BERT 模型沿袭了 GPT 模型的结构，采用 Transformer 的编码器作为主体模型结构。关于 Transformer 模型，将在后面进行详细的介绍。

GPT 利用了 Transformer 的结构来进行单向语言模型的训练。所谓的语言模型其实是自然语言处理中的一种基础任务，其目标是给定一个序列文本，预测下一个位置上会出现的词。而 BERT 对 GPT 的第一个改进就是引入双向的语言模型任务。

BERT 是一种预训练语言表示的方法，这意味着可在大型文本语料库（如维基百科）上训练通用“语言理解”模型，然后将该模型用于下游的 NLP 任务（如问答、情感分析、文本聚类等）。BERT 优于以前的方法，因为它是第一个用于预训练 NLP 的无监督（unsupervised）且深度双向（deeply bidirectional）的系统。

BERT 模型的训练过程如图 4.2 所示。使用了 Masked LM 和 Next Sentence Prediction 两种方法分别捕捉词语和句子级别的表示。其中“双向”表示模型在处理某一个词时，能同时利用前面的词和后面的词两部分信息，这种“双向”的来源在于，BERT 模型与传统语言模型不同，它不是在给定所有前面词的条件下预测最可能的当前词，而是随机遮掩一些词，并利用所有没被遮掩的词进行预测。

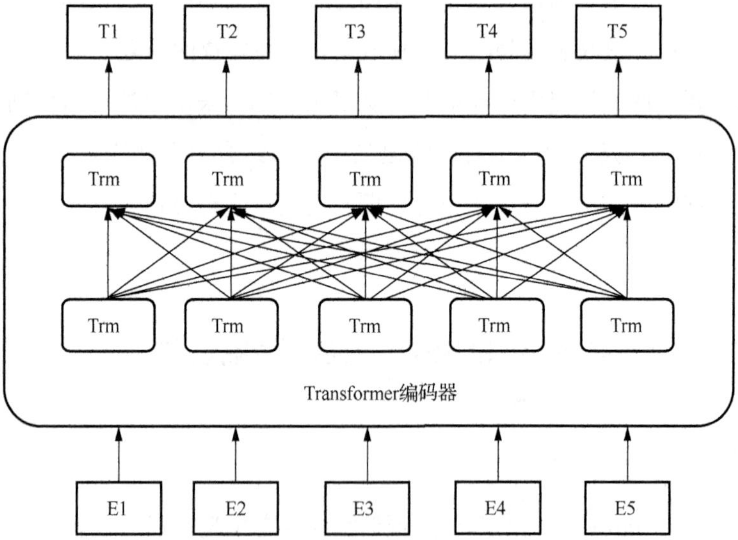

图 4.2　BERT 模型训练过程

总的来说，BERT 模型进一步增加词向量模型泛化能力，充分描述字符级、词级、句子级甚至句间关系特征。具有如下三个新特点。

（1）真正的双向编码：Masked LM 类似完形填空，尽管仍旧看到所有位置信息，但需要预测的词已被特殊符号代替，可以放心双向编码。

（2）Transformer 做编码器实现上下文（context）相关：使用 Transformer 而不是 Bi-LSTM 做编码器，可以有更深的层数，具有更好的并行性。并且线性的 Transformer 比 LSTM 更不易受 Mask 标记影响，只需要通过 Self-attention 减小 Mask 标记权重即可，而 LSTM 类似黑盒模型，很难确定其内部对于 Mask 标记的处理方式。

（3）提升至句子级别：学习句子/句对关系表示，句子级负采样。首先给定一个句子，下一句子正例（正确词），随机采样一句负例（随机采样词），句子级上来做二分类（即判断句子是当前句子的下一句还是噪声），类似 Word2Vec 的单词级负采样。

BERT 将传统在下游具体 NLP 任务中做的操作转移到预训练词向量中，在获得使用 BERT 词向量后，最终只需在词向量上加简单的多层感知器（MLP）或线性分类器即可。

2. Transformer 模型

Vaswani 等提出了一个仅基于 Attention 结构的序列模型来处理相关的问题[139]。传统的神经网络模型大都是利用 RNN 或者 CNN 来作为编码器-解码器（encoder-decoder）的模型基础[140]，而谷歌最新的只基于 Attention 的 Transformer 模型摒弃了固有的定式，并没有用任何 CNN 或者 RNN 的结构。该模型可以高度并行地工作，所以在提升性能的同时训练速度也特别快。Transformer 模型的结构如图 4.3 所示。

模型分为编码器和解码器两个部分。编码器由 6 个相同的层堆叠在一起，每一层又有两个支层。第一个支层是一个多头的自注意机制，第二个支层是一个简单的全连接前馈网络。在两个支层外面都添加了一个残差连接，然后进行归一化的操作。模型所有的支层以及编码层的输出维度都是 d。解码器也堆叠了 6 个相同的层，不过每层除了编码器中那两个支层，解码器还加入了第三个支层，如图 4.3 中所示同样也用了残差连接以及归一化。

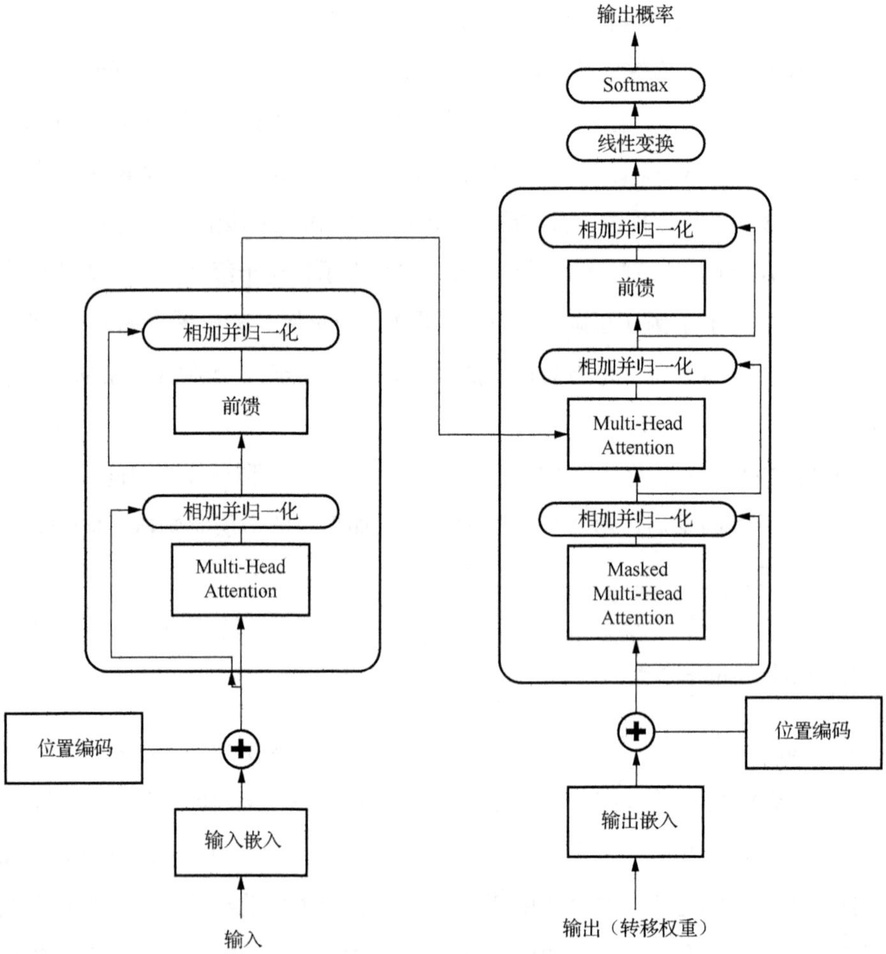

图 4.3　Transformer 模型结构

编码器和解码器的输入就是利用学习好的向量将 tokens（一般应该是词或者字符）转化为 d 维向量。对解码器来说，利用线性变换以及 Softmax 函数将解码器的输出转化为一个预测下一个词的概率。由于模型没有任何循环或者卷积，为了使用序列的顺序信息，需要将词的相对以及绝对位置信息注入模型中。在输入向量的基础上加一个“位置编码”。位置编码和向量的维度都是 d，所以两者可以直接相加。有很多位置编码的选择，既有学习到的也有固定不变的。

Transformer 以三种不同的方式使用了多头 Attention。

（1）在编码器-解码器的 Attention 层，序列来自之前的解码器层，而键和值都来自编码器的输出。这个类似于很多已经提出的 seq2seq 模型所使用的 Attention 机制。

（2）在编码器含有 Self-attention 层。在一个 Self-attention 层中，所有的键和值以及序列都来自同一个地方，即编码器之前一层的输出。

（3）类似的，解码器中的 Self-attention 层也是一样。不同的是在定标点乘 Attention 操作中加了一个 Mask 的操作，这个操作是保证 Softmax 操作之后不会将非法的值连到 Attention 中。

3. 基于 Transformer 和 BERT 的名词隐喻识别

本节提出了一种基于 Transformer 和 BERT 结合的名词隐喻识别方法，主要过程如图 4.4 所示。预训练的 BERT 模型用于构建计算机可以识别的句子矩阵表示，其中蕴含着本体和喻体之间的关联性。然后使用 Transformer 网络结构，以句子矩阵作为输入，经过训练集的训练，可以学习到本体和喻体之间的映射规律，最终输出句子的分类结果。

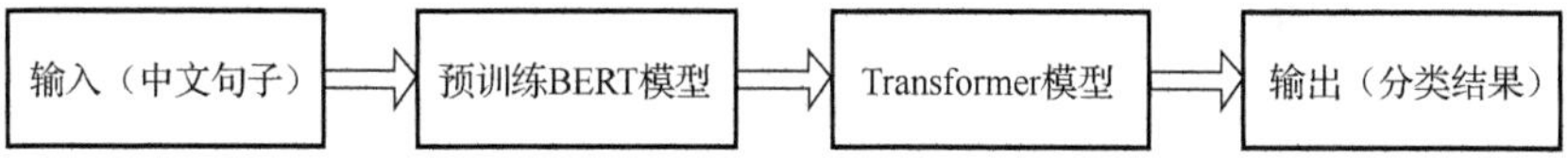

图 4.4　BERT+Transformer 的名词隐喻识别流程图

对于输入的中文句子，首先经过谷歌提供的预训练的 BERT 模型，得到句子的向量表示。然后经过 Transformer 模型进行分类。最后通过 Sigmoid 函数激活，得到一个 0～1 的值。大于 0.5 为名词隐喻，否则不是名词隐喻。

Transformer 中使用的 Attention 是基本的点乘的方式，计算过程如下所示：

$$\text{Attention}(Q,K,V)=\text{Softmax}\left(\frac{QK^{\mathrm{T}}}{\sqrt{d_k}}\right) \tag{4.1}$$

输入包括维度为 d_k 的序列以及键，还有维度为 d_v 的值。计算序列和所有键的点乘，然后每个都除以 $\sqrt{d_k}$ 。之后利用一个 Softmax 函数来获取值的权重。实际操作中，Attention 函数是在一些序列上同时进行的，将这些序列并在一起形成一个矩阵 Q，同时键和值也并在一起形成了矩阵 K 以及 V。多头 Attention 的计算过程如下所示：

$$\text{MultiHead}(Q,K,V)=\text{Concat}(\text{head}_1,\cdots,\text{head}_h) \tag{4.2}$$

Concat 函数用于将不同的 head 连接起来形成一个新的向量或者矩阵，head 的计算过程如下所示：

$$\text{head}_i=\text{Attention}\left(QW_i^Q,KW_i^K,VW_i^V\right) \tag{4.3}$$

式中，W_i 为第 i 个单词；Q, K, V 为前文所介绍的矩阵。

对于最后的前馈网络层，本节也给出它的公式定义，计算过程如下所示：

$$\text{FFN}(x)=\max(0,xW_1+b_1)W_2+b_2 \tag{4.4}$$

式中，W_1, W_2 与 b_1, b_2 分别为权重与偏差，由算法自动调整优化。

对隐喻情感识别任务来说，Attention 机制的使用可以使模型更多地关注本体与喻体之间的差异性与相似性，能够更好地建立从本体到喻体的映射关系，提升名词隐喻识别的效果。

4.1.3 实验结果分析

1. 数据集

本节使用的数据集为 CCL2018 测评中文隐喻检测任务所使用的评测数据，共计 4394 个中文句子，其组成如表 4.1 所示。

由于本章所提出的算法主要针对名词隐喻进行识别，所以把数据集划分为两类：所有名词隐喻句子的集合作为一类，动词隐喻与非隐喻句子的并集作为另一类。名词隐喻句子、动词隐喻句子和非隐喻句子的具体例子如表 4.2 所示。

表 4.1　数据集组成

类别	数量
动词隐喻	2040
名词隐喻	2035
非隐喻	319
总计	4394

表 4.2　数据样例（部分）

类别	例子
动词隐喻	知了在树上唱歌
名词隐喻	他像孔雀一样高傲
非隐喻	对任何不屈服于美国的国家实行制裁

表 4.2 中的例子——“知了在树上唱歌”中，“知了”本身并不具备“唱歌”的能力和属性，因此“唱歌”是“知了”的动词隐喻，其本体是知了的鸣叫声。而“他像孔雀一样高傲”则是明显的名词隐喻句子，将本体“他”，比喻为喻体“孔雀”，用来更加形象地表达本体的特征和属性。

2. 实验参数设置

本节采用了常用的一些深度学习算法作为对比，包括卷积神经网络（CNN）[141]、长短期记忆网络（LSTM）[142]、长短期记忆网络+注意力机制（LSTM+Attention）[136]、神经网络（NN）[137]、深度双向长短期记忆网络（DBi-LSTM）[142]、支持向量机（SVM）[143]、胶囊网络（CapsNet）[144]等。这些模型已经大量运用在自然语言处理中的隐喻识别任务里。同时使用谷歌预训练的 Word2Vec 词向量模型，词向量维度设置为 300，去掉停用词后，选择词频最高的一万个单词，作为特征提取。

使用 ADAM 优化器，学习率设置为 0.01，训练轮数设为 20。经过试验验证，如此设置参数可以在本节的实验数据上获得最佳结果。

将数据集按 9∶1 的比例划分为训练集和测试集。同时使用十折交叉验证方式，在训练集和验证集上进行参数调整和验证，在测试集上对本书的模型进行测试和评价。

本节使用 Keras 这一开源的 Python 深度学习工具包搭建模型①，同时使用由谷歌提供的预训练的 BERT 模型进行搭建②。

3. 实验结果分析

本节所提出的模型以及对比实验通过四个指标进行分析，分别是准确率（Acc）、精确率（P）、召回率（R）以及 F_1 值。计算过程如下所示：

$$\mathrm{Acc}=\frac{T_p+T_n}{T_p+T_n+F_n+F_p} \tag{4.5}$$

$$P=\frac{T_p}{T_p+F_p} \tag{4.6}$$

$$R=\frac{T_p}{T_p+F_n} \tag{4.7}$$

$$F_1=\frac{2PR}{P+R} \tag{4.8}$$

式中，T_p,T_n,F_p,F_n 的含义如表 4.3 所示。

表 4.3　混淆矩阵的字符含义

真实	预测	
	正确	错误
正确	T_p	F_n
错误	F_p	T_n

① https://github.com/keras-team/keras
② https://github.com/google-research/bert

使用混淆矩阵（confusion matrix）时，给定一个模型的预测标签，可以用来快速计算精度和召回率。二分类的混淆矩阵总共包含四个不同的结果：真正例（T_p）、假正例（F_p）、真反例（T_n）以及假反例（F_n）。行和列的交叉点指的就是这四种结果。例如，将一个数据点预测为正例，但是它实际上是反例，那么这就是一个假正例。

本节所提出的模型以及对比实验在四个指标上面的结果如表 4.4 所示。

表 4.4　名词隐喻识别的实验结果

模型	Acc	P	R	F_1
CNN	0.8709	0.8796	0.8346	0.8565
LSTM	0.8436	0.8500	0.8031	0.8259
NN	0.7467	0.7428	0.7431	0.7478
LSTM+Attention	0.8509	0.8706	0.7952	0.8312
DBi-LSTM	0.7448	0.7430	0.7438	0.7445
CNN+SVM	0.7840	0.7812	0.7802	0.7846
CapsNet	0.8781	0.8755	0.8582	0.8667
Transformer	0.8563	0.8959	0.7795	0.8336
BERT	0.8836	0.8740	0.8740	0.8740
BERT+Transformer	0.9000	0.8964	0.8858	0.8910

从表 4.4 中的数据可以看到，BERT+Transformer 模型在所有的四个指标上面均有最好的表现。

在 Acc 指标上，本节所提出的两种模型均高于对比实验所获得的准确率。其中 BERT+Transformer 的准确率最高，达到了 0.9000，而仅使用 BERT 模型的准确率为 0.8836，说明了 Transformer 网络对隐喻识别的有效性。相比之下，仅使用 Transformer 模型的识别准确率（0.8563）低于 BERT+Transformer（0.9000），说明 BERT 模型有效地提取了隐喻信息。CapsNet 模型的准确率可以达到 0.8781。相比之下，使用 CNN 的准确率达到了 0.8709，略微低于 CapsNet。其原因在于 CapsNet 能够处理位置信息，对于文本这种序列化输入更加适合。

在 P 指标上，Transformer 和 BERT+Transformer 模型表现较为出色，分别达到 0.8959 和 0.8964，与对比实验相比具有优势。两者相差不大，说明 BERT 模型在精确度上的提升没有明显的效果，特别当仅使用 BERT 模型时，精确度为 0.8740，进一步证明了这一点。相比之下，CapsNet 模型的精确度为 0.8755，与 CNN 模型的 0.8796 和 LSTM+Attention 模型的 0.8706 相差不大，属于同一水平，没有明显的提升。说明 CapsNet 对于位置信息的处理不能提高识别精确率。

在 R 指标上，本节所提出的模型大幅领先于所有的对比模型。其中 BERT+Transformer 模型的召回率达到了 0.8858，表现最好。BERT 模型次之，达到了 0.8740。CapsNet 模型的召回率达到了 0.8582，也领先于对比模型。然而 Transformer 模型的表现很差，仅为 0.7795。充分说明了 BERT 对于识别召回率提升的意义，经过预训练的 BERT 能够有效提取名词隐喻中本体和喻体的相关性。而 CapsNet 对于位置信息的处理，也能够提高识别的召回率。

在 F_1 值指标中，CapsNet、BERT、BERT+Transformer 三种模型分别达到了 0.8667、0.8740 和 0.8910，均领先于对比模型中效果最好的 CNN（0.8565）。Transformer 模型的表现较差，仅为 0.8336，与 LSTM（0.8259）和 LSTM+Attention（0.8312）基本持平。实验结果说明，预训练 BERT 模型对于识别的综合能力提升很大。CapsNet 相比于 CNN 有提升，也说明 CapsNet 利用位置信息的能力，对名词隐喻识别更加有效。

通过上述分析，可以得到结论，本节所提出的模型可以有效地完成名词隐喻识别任务，并且在四项主流的模型评价指标上取得了最好的结果。对于使用 Transformer 模型效果不如预期的结果，本书认为，虽然 Transformer 这种可以注意到多个关键点信息的特征对名词隐喻识别任务应该有提升，但是数据量太小、参数太多，导致随机性太大。而 CapsNet 能够发现整体与局部关系的作用能够较好地对应两个重要的特征词（本体和喻体）的关系。

4.2 动词隐喻识别研究

4.2.1 概述

隐喻是语言和思维的中心问题，是人类语言中普遍存在的现象，隐喻识别的效果将直接影响自然语言处理的相关任务，例如机器翻译、阅读理解和自动摘要等。因此隐喻识别作为隐喻处理中基础性的工作，得到研究者越来越多的关注。目前，隐喻识别中动词隐喻占据较大份额，因为动词隐喻出现的频率较高，使用更为普遍，且往往对句子的情感表达及句子表述的多样性有着十分重要的意义。如“场边的同学们都在给我加油”，“加油”便是动词的隐喻使用，而类似的例子在人们的交谈或行文中大量存在，意味着动词的隐喻识别对自然语言的处理和分析有着十分重要且深远的意义。因此，动词隐喻应该获得更多的关注。

汉语动词隐喻研究者多是从事语言学研究的人员，从定性的角度研究较多，定量分析较少。受于人力资源的限制，面对海量的互联网电子可读文本，处理能力急需自动化。同时，对于机器翻译、阅读理解、问答系统和自动摘要系统，动词隐喻的理解是至关重要的技术环节。

在汉语动词隐喻识别中，基本思想就是如何利用上下文环境区分动词的字面义和隐喻义。因此，研究思路主要是发现句子的主谓或者动宾关系中发生隐喻义的用法，而隐喻发生的情况往往在于接续的名词是抽象名词，所以词语的抽象度在动词隐喻识别中占有十分重要的地位。为了充分利用目前丰富的在线语料资源以及先进有效的机器学习方法，尤其是深度学习方法，有效地处理词语抽象度和识别出隐喻义是汉语动词隐喻识别的关键。

1. 动词隐喻概念

动词隐喻主要是动词的用法由字面义转为隐喻义而产生的隐喻。原因在于动词的接续关系发生了变化，动词的接续关系存在两种：一是主谓关系，二是动宾关系。动词的转义往往都是因为接续的名词是抽象名词，而动词的字面义往往都是接续具体的名词，接续的名词是否为抽象名词变得很重要。因此根据这个特性，依据句子结构进行标注，可以更好地观察动词的隐喻现象。动词隐喻逻辑表示如下（图 4.5）：

Verb-Metaphor = {Sentence,Subject,Verb,Object,Metaphor-Tag}

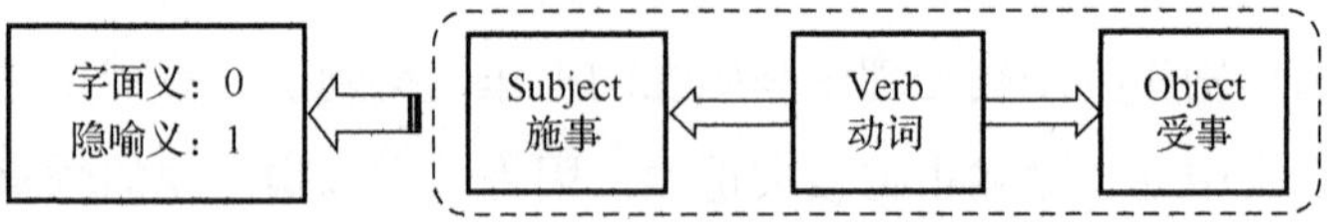

图 4.5　动词隐喻逻辑表示示意图

逻辑表示的英文注释如下。

Sentence：句子。

Verb：动词，指作为谓语的动词。

Subject：施事，一般指主语，这里去掉前面的修饰性词语，保留核心词。

Object：受事，一般指宾语，这里去掉前面的修饰性词语，保留核心词。

Metaphor-Tag：标签，字面义 0 表示原始用法，隐喻义 1 表示隐喻用法。

例 1：王总驾驭着整个讨论。

表示：{王总驾驭着整个讨论，王总，驾驭，讨论，1}。

动宾关系短语（驾驭，讨论）发生隐喻，驾驭的字面义是驾驶车、马等，而这里的对象是讨论，一个抽象的名词，发生了意义迁移，是动词的隐喻义。

例 2：小李最近有点膨胀了。

表示：{小李最近有点膨胀了，小李，膨胀，1}。

主谓关系短语（小李，膨胀）发生隐喻，膨胀字面义指物体受热之后产生的变形，而这里表示人的心态变化，发生了意义迁移，是动词的隐喻义。

2. 动词隐喻研究现状

动词隐喻研究起初来源于语言学，随着自然语言处理技术的发展，采用定量的方式进行隐喻分析成为趋势。目前动词隐喻识别取得了一些较好的成果，主要识别方法为两类：一类是基于语义以及推理的方法，包括基于英语语义资源和词语抽象度的隐喻识别方法；另一类是基于机器学习和深度学习的隐喻识别方法。

第一类方法是基于语义和推理的方法。基于优先语义方法认为隐喻意义与普通字面意义的理解方式不同，隐喻句的字面意义存在逻辑上的冲突，冲突出现时，则进行语义处理。该方法包括优先语义方法和词汇语义方法，最具代表的是Wilks[38]的优先语义学理论。基于推理的方法则是通过一些常见的推理手法结合已有的动词隐喻例子来进行隐喻的识别和理解。可以细分为类比推理方法、逻辑推理方法[145]和神经网络推理方法，最具代表性的是 Steinhart 提出的隐喻逻辑系统和 SMT 理论[146]。许多研究人员基于 WordNet 等语义资源计算词语抽象度，然后进行动词隐喻的识别。Shutova 等[147]利用标注少数隐喻种子的方法自动扩展获取具有与隐喻相似结构的句子，通过对名词和动词的聚类获取隐喻的意义，不同于以往监督学习的方法，该方法是无监督学习的方式，其识别精度为 79%。Turney 等[148]基于认知语言学的理论——隐喻就是映射，利用已知的、熟悉的、具体的事物去解释未知的、陌生的、比较抽象的事物。因此隐喻往往与词语的抽象度相关，他们提出了抽象度算法利用语义资源和上下文计算词汇的字面义和隐喻义，从而识别隐喻的发生。实验数据集为来自语料库 TroFi 的 50 个动词。Jian 等[149]基于 WordNet 计算词汇之间的相似度，利用 TroFi 作为基本隐喻资源，通过计算聚类类别与基本隐喻资源的相似度，获取所有可能的动词隐喻目标，实验表明聚类方法可以提升查全率和查准率。Klebanov 等[150]探讨了语义泛化和分类在捕获动词语义方面的作用和效率，从词的语素出发，定义了多种动词的语义类，并且在动词隐喻的字面义与隐喻义辨析中加以应用，取得了较好的效果。Köper 等[151]认为抽象词意即不能看见、听见、闻到或触觉到，所以抽象度是隐喻识别的重要依据，因此，利用监督学习对大规模词汇集进行了抽象度等级排序，给出了关于多词短语到动词名词对的抽象度传递策略，关于多种词义的抽象度排序结果对于隐喻识别具有重大的作用。实验使用的数据集包含数百万英语词汇和词组。刘晗[152]提出了一种基于 Hownet 和 Verbnet 的汉语动词隐喻识别方法，该方法利用 Verbnet 中动词题元角色及其语义选择限制，判断语句中动作的施事者和受事者是否符合正常的搭配，从而识别不合常规的搭配。在《读者》语料库中随机抽取了 20 个句子进行测试，结果达到预期。

第二类方法是基于机器学习和深度学习的方法，这里面又分为采取无监督学习的方法和采取监督学习的方法。无监督学习的方法主要以聚类算法和主题模型等为主。Heintz 等[153]构建了在英语和西班牙语文本中定位隐喻实例的系统，与以往采用语义资源的方法不同，不再利用句法分析器和 WordNet，基于主题模型 LDA 识别隐喻，而且可以迁移到资源稀缺的语言中，不需要任何标注数据。英语隐喻的识别精度为 59%。隐喻识别往往依赖于特征、偏好或具象化程度，所以选择语料库、人工标注规则和其他人工资源。Do Dinh 等[134]利用 Word Embedding 和深度学习技术，仅仅利用 Word Embedding，而不需要其他人工资源加入，取得了较好的识别效果。Jia 等[154]提出了一种从真实文本中识别隐喻的无监督方法。首先根据自动获得的偏好特征确定源域，然后用源域知识识别隐喻。实验结果表明，该无监督方法比基线法有较大的改进。此外，源域知识也可用于隐喻理解。这些实验只涉及 20 个动词。白振凯等[155]针对句子级别的汉语动词性隐喻，提出了基于主题模型的识别方法，将主题模型 LDA 应用于汉语的动词隐喻识别过程中。该方法利用句子的主题分布作为特征，结合机器学习的方法对动词隐喻进行识别，加入主题标注特征后，使得识别结果有明显的提升。赵红艳等[156]采用条件随机场、最大熵模型来识别动词的隐喻搭配，并在此基础上，加入了两种语义信息——《同义词词林》的同义词信息和 CNKI 的语义信息来识别动词的隐喻表达，选择 10 个汉语动词在《人民日报》语料上进行了实验，取得了一定的效果。Mao 等[131]运用基于 Word Embedding 和 WordNet 的方法，提出了一个无监督的隐喻识别模型，利用连续词袋模型（continuous bag of words，CBOW）和 Skip-gram 来进行隐喻词的识别。Kintsch[157]利用潜在语义分析的方法，从大规模的语料库中搜集本体和喻体相近的词汇信息。

本书对上述研究方法进行深入挖掘后，发现当前动词隐喻识别研究存在如下问题。

第一，动词的深层语义信息利用不足。现有的动词隐喻识别研究对于语义资源使用比较简单，对于句法信息利用不足，忽视对于主谓和动宾等接续关系的分析，而动词隐喻的隐喻义往往取决于这两种关系。如何利用句法信息以及动词语义信息构造更为精细的接续关系分类进而识别动词隐喻是一项具有挑战性的研究。

第二，动词隐喻识别的数据集规模偏小。鉴于目前汉语动词隐喻研究中数据规模普遍较小，一般只有几十个动词，语义资源使用方式比较简单，缺乏词语表示的支撑等问题。本书尝试构建规模较大的汉语动词隐喻数据集，给出基于语义资源构建向量式语义表示，结合注意力网络，在大规模的汉语动词隐喻数据集上提升汉语动词隐喻识别精度，为机器翻译、阅读理解、问答系统和自动文摘等研究工作奠定较好的基础。

本书从词语的表示入手，构建了一种基于主谓宾信息的动词隐喻 Attention 网络，使得在句子进行 LSTM 编码及计算各词权重时，可以充分考虑全局的句法信息。实验结果表明，模型识别效果超过了现有基于人工特征的分类模型及主流深度学习模型。

4.2.2 基于同义词词林和 Attention 网络的动词隐喻识别

1. 基于同义词词林中抽象度的隐喻识别

《同义词词林》编撰的初衷是希望提供较多的同义词语，对创作和翻译工作有所帮助。这本词典中不仅包括了一个词语的同义词，也包含了一定数量的同类词，即广义的相关词。《同义词词林》中每个词的类编码应该包含它的全部信息。例如，编码的第一个字母代表该词所属的大类，第二个字母代表中类，后两位字母代表小类。分类体系如表 4.5 所示。

表 4.5　同义词词林分类体系

大类	名称	小类
A	人	Aa 泛称，Ab 男女老少，Ac 体态，Ad 籍贯，Ae 职业，Af 身份，Ag 状况，Ah 亲人眷属，Ai 辈次，Aj 关系，Ak 品性，Al 才识，Am 信仰，An 丑类
B	物	Ba 统称，Bb 拟状物，Bc 物体的部分，Bd 天体，Be 地貌，Bf 气象，Bg 自然物，Bh 植物，Bi 动物，Bj 微生物，Bk 全身，Bl 排泄物，Bm 分泌物，Bn 材料，Bo 建筑物，Bp 机具，Bq 用品，Br 衣物，Bs 食品、药品、毒品
C	时间与空间	Ca 时间，Cb 空间
D	抽象事物	Da 事情情况，Db 事理，Dc 外貌，Dd 性能，De 性格才能，Df 意识，Dg 比喻物，Dh 联想物，Di 社会政法，Dj 文教，Dk 疾病，Dl 机构，Dm 单位
E	特征	Ea 外形，Eb 表象，Ec 颜色、味道，Ed 性质，Ee 德才，Ef 境况
F	动作	Fa 上肢动作，Fb 下肢动作，Fc 头部动作，Fd 全身动作
G	心理活动	Ga 心理状态，Gb 心理活动，Gc 能愿
H	活动	Ha 政治活动，Hb 军事活动，Hc 行政管理，Hd 生产，He 经济活动，Hf 交通运输，Hg 教卫科研，Hh 文体活动，Hi 社交，Hj 生活，Hk 宗教活动，Hl 迷信活动，Hm 公安司法，Hn 恶行
I	现象与状态	Ia 自然现象，Ib 生理现象，Ic 表情，Id 物体状态，Ie 事态，If 境遇，Ig 始末，Ih 变化
J	关联	Ja 联系，Jb 异同，Jc 配合，Jd 存在，Je 影响
K	助语	Ka 疏状，Kb 中介，Kc 联结，Kd 辅助，Ke 呼叹，Kf 拟声
L	敬语	—

词语抽象度的信息对于隐喻识别具有重要作用，如何获取词语抽象度是首要任务。同义词词林为树状结构，每个节点包含了多个单词，由于词语在同义词词

林中所属的树分支对于隐喻识别有较大帮助，因此得到同义词词林的节点向量，可以帮助神经网络模型学习词的抽象概念等信息，因而本书根据《同义词词林》来获取抽象度信息，它包含了 12 大类的词汇分组，例如 D 类表示抽象事物。本书根据抽象度的意义，根据分类码以及上下位的包含关系，确定一个抽象词汇集合 AbstractWords={C,D,Ed,Ee}，凡是属于这个集合的词汇为抽象词汇。根据句子中的主谓宾是否包含抽象词汇，可以确定句了的抽象程度。

对于主谓宾中未出现在《同义词词林》中的词汇，采用预训练的 FastText 模型计算该词与同义词词林中各词的相似度，并得到前 K 个最相近的词，将出现次数最多的大类作为该词的同义词词林分类，从而确定该词是否为抽象词汇。将句子主谓宾包含抽象词汇的句子识别为隐喻句。

实际上，每种语言都有大量同义词的存在，往往被整理归类处理，同义关系是非常重要的词汇关联信息，本书选择使用《同义词词林》并构建了中文的同义词词典，这个同义词词典，对创作和翻译工作有所帮助，而其中不仅包含了词语的同义词，也包含了一定数量的同类词，即广义的相关词，每个词的编码包含了它的全部信息。

将获得的词典信息构建成树状结构，使用树状结构来保存每个词的同义词信息，构建一个同义词词林，词林中每个节点包含了多个单词，由于词语在同义词词林中所属的分支对于隐喻识别有较大帮助，因此得到同义词词林的节点向量，可以帮助神经网络模型学习词的抽象概念等信息。

（1）如果相应词汇出现在同义词词林中，可以很方便地获取其抽象度信息，从而判定是否动词隐喻。

（2）对于相应词汇没有出现在同义词词林中的情况，采用预训练的 FastText 模型计算该词与同义词词林中各词的相似度，并得到前 K 个最相近的词，将出现次数最多的大类作为该词的同义词词林分类，从而确定该词是否为抽象词汇，判定句子里是否有动词隐喻。

2. 基于同义词词林中节点表示的动词隐喻 Attention 网络

本书采用词语嵌入式表示学习的方法，来学习《同义词词林》中的分组结构信息。相比于将同义词词林中的抽象类别直接应用于隐喻识别，这种将词语进行嵌入式表示的方法不仅可以使模型学习到抽象类别的信息，还可将《同义词词林》各类别的信息融合到词语的语义表示过程中，通过神经网络进行训练后，获取其更高维的信息，使神经网络在句子语义编码的过程中，对《同义词词林》信息利用得更为充分。而通过 Attention 网络的特征获取，可以将同义词词林的信息与原句的信息进行更好的整合，使得特征信息不会与原文相割裂，从而提高隐喻的识别效果。

3. 基于同义词词林的节点表示学习

本书将《同义词词林》与神经概率语言模型（neural probabilistic language model）相结合，提出了一种基于《同义词词林》的节点表示学习方法 Synonyms2Vec，如图 4.6 所示。对于中心词 W_t，首先在同义词词林中找到该词所属的所有父节点 $\{S_{t1}, S_{t2}, S_{t3}, S_{t4}, S_{t5}\}$，使用 Skip-gram 结构，在给定中心词及其所属父节点的条件下，预测上下文各词 $(W_{t-2}, W_{t-1}, W_{t+1}, W_{t+2})$。在模型训练的过程中，预先设置滑动窗口大小，并以最大似然估计为优化目标，当给定句子 $D = \{W_1, W_2, \cdots, W_M\}$ 时，其中 W_i 代表在句子 D 中的第 i 个单词，计算过程如下所示：

$$L = \frac{1}{M}\sum_{i=1}^{M}\sum_{-k\leqslant c\leqslant k, c\neq 0}\left\{\log p\left(W_{i+c}|W_i\right) + \sum_{j=1}^{N_i}\log p(W_{i+c}|S_{ij})\right\} \quad (4.9)$$

式中，M 为训练语料中的词的数量；N_i 为第 i 个词所属的同义词词林父节点的数量，滑动窗口大小为 $2k$。

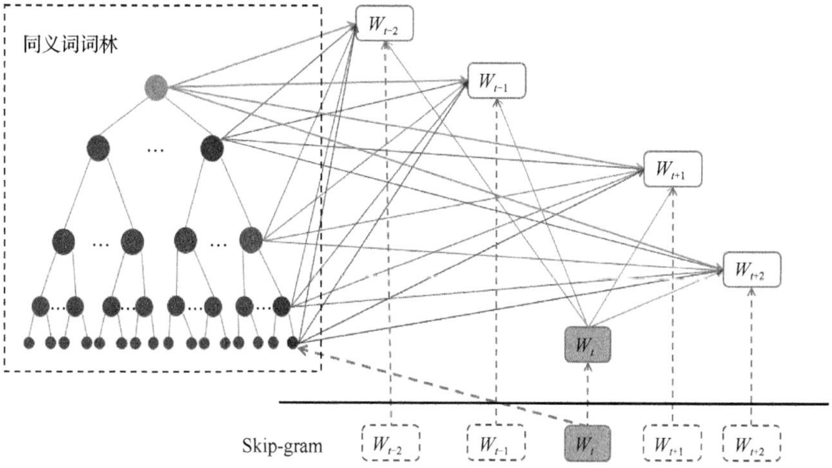

图 4.6　Synonyms2Vec 模型结构

Synonyms2Vec 旨在学习《同义词词林》的树形结构信息，得到融合词语所在同义词词林中位置信息的向量表示。为了使训练速度更快，本书采用了 Word2Vec[158-159]中的优化方法，使用负采样的方法来近似求解最大似然估计中的 Softmax 结果。模型中各参数使用 SGD 及反向传播算法进行更新。由于词语在《同义词词林》中所属的树分支对于隐喻识别有较大帮助，使用 Synonyms2Vec 方法得到的节点向量，有利于神经网络模型学习词的抽象度，帮助完成隐喻识别任务。

4. 动词隐喻 Attention 网络

在 Synonyms2Vec 预训练得到的节点向量的基础上，本书提出了一种针对动词隐喻的 Attention 网络结构，如图 4.7 所示。以句子$\{W_1,W_2,\cdots,W_8\}$为例，对句子中各词进行词性分析得到$\{\mathrm{Tag}_1,\mathrm{Tag}_2,\cdots,\mathrm{Tag}_8\}$，其中 TAG_i 代表 W_i 的词性标记。在神经网络模型中进行词性向量映射，首先计算出所有可能的词性数量 L，人工设置词性向量的维度 K 作为超参数，并在网络中为其初始化 $L\times K$ 的矩阵 Q，根据词性编号从矩阵 Q 中取出对应的行向量作为词性向量，记作 V_{tag}。在使用 Synonyms2Vec 模型预训练的结果中查询句子中各词对应的节点向量，记作 V_{word}。

将 V_{tag} 与 V_{word} 进行向量拼接并经过卷积核长度为 1、激活函数为 Relu[160]的卷积运算得到各词的向量表示 V_{conv}。

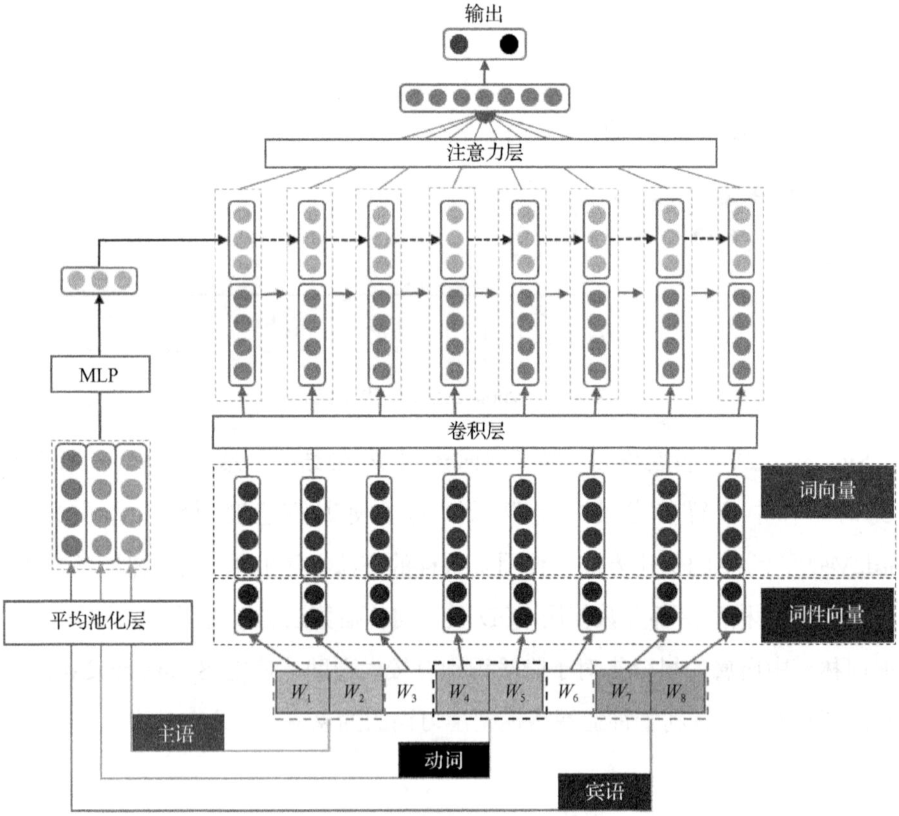

图 4.7　动词隐喻 Attention 网络

5. 基于注意力网络的动词隐喻识别

为了更充分地利用句子中主谓宾的结构信息，本书模型将主谓宾词语进行了单独的向量化处理。已知句子中主语为 $\{W_1,W_2\}$，谓语动词为 $\{W_4,W_5\}$，宾语为 $\{W_7,W_8\}$，首先获得各词对应的节点向量，将多个同义词的词林编码类比于句子中的多个词。因此，对于主谓宾三个词组，模型将其扩充为三句话，进行同义词词林编码后分别进行平均池化操作，从而获得主谓宾各自的向量表示。主语向量记为V_{sub}，谓语向量记为V_{verb}，宾语向量记为V_{obj}，将三个向量进行拼接并经全连接层获得主谓宾联合向量表示，记为V_{svo}，计算过程如下所示：

$$V_{\text{svo}} = \text{relu}\left(W_{\text{svo}}^{\text{T}}\left[V_{\text{sub}};V_{\text{verb}};V_{\text{obj}}\right]+b_{\text{svo}}\right) \tag{4.10}$$

为了使句子中每个词都可以获得全局的主谓宾信息，将主谓宾联合向量V_{svo}拼接到每个词的卷积词向量V_{conv}上。本书采用 LSTM 层及 Self-Attention 结构完成对句子词向量及主谓宾信息的编码[161-164]，双向 LSTM 可以使每个位置的编码都能获得上下文的相关信息，然后通过 Self-Attention 对句子的权重进行计算，最终得到句子的隐喻向量V_{meta}，其中 LSTM 层的计算过程如下所示：

$$x_t = V_{\text{conv}t} \tag{4.11}$$

$$\begin{bmatrix} i_t \\ f_t \\ o_t \\ l_t \end{bmatrix} = \begin{bmatrix} \text{sigmoid} \\ \text{sigmoid} \\ \text{sigmoid} \\ \tanh \end{bmatrix} W^{\text{T}} \cdot \begin{bmatrix} x_t \\ h_{t-1} \\ V_{\text{svo}} \end{bmatrix} \tag{4.12}$$

$$c_t = f_t \cdot c_{t-1} + i_t \cdot l_t \tag{4.13}$$

$$h_t = o_t \cdot \tanh\left(c_t\right) \tag{4.14}$$

式中，x_t表示句子中第t个词的卷积词向量；W为随机初始化并随网络反向传播进行更新的权重向量；i_t, f_t, o_t分别为 LSTM 网络结构中的输入门、遗忘门及输出门；c_t为记忆单元；h_t为句子中第t个词的隐藏层输出。该结构使得网络可以记忆更长时间步的信息，并缓解时间步过长导致的梯度消失问题。本书在其每个隐藏层的计算过程中均加入了V_{svo}，使得模型在计算每一个隐藏层输出及计算 Self-Attention 权重时，均可使用全局的主谓宾信息。Self-Attention 的计算过程如下所示：

$$e_t = v^{\text{T}} \tanh(W_e^{\text{T}}[h_t;V_{\text{svo}}]+b_e) \tag{4.15}$$

$$\alpha_t = \frac{\exp(e_t)}{\sum_{k=1}^{n}\exp(e_k)} \tag{4.16}$$

$$V_{\text{meta}} = \sum_{t=1}^{n} \alpha_t h_t \tag{4.17}$$

式中，W_e, b_e, v 均随机初始化；α_t 表示 LSTM 输出的第 t 个隐藏层的权重；V_{meta} 为句子最终的隐喻向量表示。V_{meta} 经全连接层映射为输出节点，并采用模型预测的分布于真实标注之间的交叉熵作为训练过程中的损失函数，其优化目标为使损失函数最小。损失函数计算过程如下所示：

$$L = -\sum_{i}^{N} y_i^t \log\left(y_i^p\right) + \left(1 - y_i^t\right)\log\left(1 - y_i^p\right) \tag{4.18}$$

式中，N 为所有测试样本的数量；y_i^t 为第 i 个测试样本的真实标签；y_i^p 为模型预测的概率值。

4.2.3 实验结果分析

1. 数据集

动词隐喻的数据集采用与 4.1 节相同的数据集（表 4.1），评价指标也相同，如表 4.6 所示。

表 4.6 数据集分布统计

	最大句长	平均句长	最小句长	词表长度	动词和名词所占比例/%
训练集	246	18.54	4	12465	88.48
测试集	144	19.06	4	4898	91.00
训练集+测试集	246	18.65	4	14501	88.99

在构建的数据集上使用本书提出的模型与其他多种模型进行对比实验。

为了验证本书提出的模型的有效性，使用 5GB 微博语料及 Synonyms2Vec 模型完成词向量的预训练，词向量维度的选择参照以往实验中的参数。词性向量维度仅设置为 10，这是因为词性的取值数量较少，10 维的向量已经可以充分地表示出词性信息，维度设置过高既影响模型运行速度，又会使向量各维度训练不够充分。本书模型其他参数根据模型在验证集上的实验结果调节得到，选取了在验证集上最优的参数组合，具体参数值如表 4.7 所示。

表 4.7　模型参数

参数名称	参数值
词向量维度	300
词性向量维度	10
卷积核个数	128
LSTM 层维度	128
Attention 维度	128
全连接层维度	100
Dropout	0.5
优化方法	RMSProp
词表大小	15662

本书采用了完全随机分割方法对数据进行划分。使用该方法会导致验证集和测试集中的动词是模型完全没有学习过的，因而能够测试出模型的泛化能力。

2. 对比实验及评价指标

本书提出的模型与目前常用的深度学习文本分类模型进行对比，对比模型包括以下几种。

（1）TextCNN 模型[162]：CNN 即卷积神经网络模型，在文本领域，模型输入为使用 Word2Vec 预训练的词向量，通常进行一维卷积，即卷积核宽度为词向量的长度。TextCNN 使用了多种尺寸的卷积核，具有较好的局部特征抽取能力。本书采用 TextCNN 模型对用户问题和标准问题分别进行编码，然后将编码后的向量进行拼接，经全连接层和 Sigmoid 层完成二分类的输出。

（2）LSTM 模型[13]：LSTM 模型即长短期记忆模型，以预训练的词向量为输入，相比于原始的循环神经网络，能够提取出远距离依赖的语义信息。在本书任务中，LSTM 模型被用来参与句子的编码过程，除编码结构以外的其余结构与 TextCNN 模型一致。

（3）LSTMATT 模型[136]：LSTMATT 模型是在 LSTM 模型基础上增加 Self-Attention 结构，获得 LSTM 各隐藏层的权重，经过加权平均得到最终的向量输出，取代原始 LSTM 模型中仅输出最后一个隐藏层向量的方式。

（4）CNN+SVM 模型[164]：首先用 CNN+SVM 模型在英文隐喻数据集上进行实验，获得了不错的性能，使模型可靠性得到了验证，最后在中文隐喻数据集上进行实验。在 CNN 模型基础上加入 SVM 之后，获得了很好的准确率，而且在加入 SVM 之后模型准确率有明显的提升。

（5）BiLSTM+SVO 模型[135]：首先使用原始句子序列进行实验，然后加入依赖子序列和主谓宾（SVO）子序列，在加入特征信息后模型的性能获得了很好的提升。文献[134]在英文单词水平上设计输入序列，对照中文隐喻数据集进行移植实验，本书参照原文实验设置，使用 Bi-LSTM 模型，在原始句子序列基础上，尝试加入了词性（POS）子序列和主谓宾（SVO）子序列，对此进行了实验验证。

（6）TagLSTM 模型：是本书在原始 LSTM 模型基础上，增加了词性向量的信息构建出的对比模型。

（7）MetaATT-Parser 模型：是本书提出的动词隐喻 Attention 网络模型，使用哈尔滨工业大学句法分析器自动抽取句子中的主谓宾结构。

（8）MetaATT-Human 模型：使用数据集中人工标注的主谓宾结构代替句法分析器的抽取结果，其余部分与 MetaATT-Parser 相同。

（9）HQU 模型：CCL2018 动词隐喻评测任务中的第一名。

本书将数据集按 9∶1 的比例划分为训练集和测试集。使用训练集对模型进行更新训练，根据验证集的结果选取最优的模型参数，在测试集上对模型最终效果进行评估。本书通过十折交叉验证，使模型测试结果更为稳定。

本书所使用的评价指标包括交叉熵损失 Loss、正确率 Acc、准确率 P、召回率 R、F_1 值、曲线下面积（area under curve，AUC），各评价指标计算公式与名词隐喻识别方法的指标相同。此外，本书同时使用了 AUC 指标，该值以真正例率 TPR 为纵轴、假正例率 FPR 为横轴，通过不断变换阈值，绘制出多个点，形成曲线，曲线下的面积即为 AUC 值。

3. 实验结果及分析

以完全随机的方式进行分组实验的结果如表 4.8 所示，测试集结果如表 4.9 所示，采取十折交叉验证的方式。

表 4.8 随机分组实验评估结果

	Loss	AUC	Acc	*P*	*R*	F_1
TextCNN	47.95	85.90	77.79	78.36	78.95	78.57
LSTM	43.44	88.62	80.05	80.42	81.24	80.69
LSTMATT	43.63	88.05	79.61	80.65	79.43	79.94
CNN+SVM	9.98	70.83	71.10	71.16	71.10	71.02
BiLSTM+SVO	3.39	73.00	72.47	77.78	74.30	71.80
TagLSTM	44.83	87.59	78.48	77.59	81.90	79.64
MetaATT-Parser	42.11	89.02	81.08	80.33	84.19	82.12
MetaATT-Human	32.71	93.83	86.89	85.55	86.22	85.88

表 4.9 随机分组实验测试集评估结果

	Loss	AUC	Acc	*P*	*R*	F_1
TextCNN	54.33	84.23	76.18	77.09	76.95	76.84
LSTM	46.94	87.61	78.82	78.72	81.24	79.74
LSTMATT	47.58	86.63	78.38	79.81	77.81	78.66
CNN+SVM	9.58	71.53	72.27	72.20	72.27	72.09
BiLSTM+SVO	3.42	72.48	72.73	71.58	68.78	70.15
TagLSTM	48.23	86.31	78.48	78.02	81.43	79.54
MetaATT-Parser	47.22	86.61	79.22	79.09	81.52	80.24
MetaATT-Human	**34.74**	**93.56**	**86.73**	**84.41**	**87.40**	**85.88**
HQU	—	83.31	83.27	81.12	83.94	83.27

从表 4.10 中加粗数据可以看出，使用随机分割的数据，本书的模型在 AUC、Acc、*P*、*R*、F_1 值等指标中都对于现有模型有明显的提升，而且在 F_1 值的指标上

超过了 CCL2018 动词隐喻测评任务中的第一名 HQU。因此可以证明当本书的数据中所有数据都在训练集中出现时，本书的模型可以更好地学习到动词在不同语境下的隐喻判断情况。而 P 值和 R 值的大小差别不大，证明本书的模型对数据的预测结构性较好，与数据的相关性较好。从表 4.8、表 4.9 中的数据可以得出，使用 Parser 对句子的主谓宾进行提取时会因为提取到的主谓宾语不一定完全正确而造成精度的损失，但其结果仍然要高于其他模型的结果。分析其原因在于主谓宾信息作为动词隐喻识别中的一项关键信息，在进行全句的语义理解过程中具有重要的作用。本书这种将主谓宾的信息拼接在句子中的每个词的向量表示上，可以使各词在 LSTM 隐藏层传递的过程中，充分参考全局的主谓宾信息，证明了本书的模型在没有标注信息的情况下，仍然可以有办法对动词的隐喻情况进行判断，而且取得了较好的结果。而通过 MetaATT-Parser 及 MetaATT-Human 结果的对比，也可以从侧面验证使用同义词词林的方法及主谓宾的成分信息可以对动词隐喻的识别起到积极的作用。

由实验结果可知，使用随机分割的数据，本书的模型效果仍然有较为明显的提升，说明了本书模型在预测训练集中未出现的动词时，对动词的判断仍然十分准确，可以学习到训练集中未出现过的动词的隐喻表示。实验中，模型能对比出同一个动词在不同句子中的隐喻表示。而本书的模型可以弥补某些动词未在训练集中出现过的缺点。

本书使用自动化 Parser 进行主谓宾成分提取的模型 MetaATT-Parser 相比于其他主流深度学习模型在各个评价指标上均有提升，从而进一步证明了本书的观点：主谓宾信息作为动词隐喻识别中的一项关键信息，在进行全句的语义理解过程中具有重要的作用。对比不使用主谓宾信息的 TagLSTM 及 LSTMATT，本书模型在 F_1 指标上可提升 2.3%以上。在使用数据集中标注的主谓宾结构优化自动化 Parser 的抽取结果之后，模型性能有了进一步的提升。

4.3 本章小结

针对名词隐喻识别中的关系表征问题，本章提出了基于BERT与Transformer模型的名词隐喻识别方法，使用BERT模型替代词向量，在语义表示中同时包含词与词之间的位置关系等信息，利用Transformer模型进行特征提取并通过神经网络分类器进行识别。BERT+Transformer模型可以注意到多个关键点信息，从而提高分类效果。此外，在动词隐喻识别中，针对现有模型对语义信息使用过于简单的问题，本章提出了一种适用于隐喻分类任务的词语向量表示方法，在原始词向量的基础上，融合了同义词词林的结构信息，使词向量中能够包含隐喻中所关注的词语抽象度等信息。该模型不仅可以利用同义词词林的结构信息，还可以深层次地挖掘语义信息。在此基础上，构建出了一种基于主谓宾信息的动词隐喻Attention网络，使得在句子进行LSTM编码及计算各词权重时，可以充分考虑到动词隐喻中的主谓宾信息。通过实验可以证明，本章所提出的名词和动词隐喻识别模型，效果均好于目前所常用的主流深度学习算法以及基于人工特征的分类模型。

5 基于认知心理学的隐喻应用研究

5.1 基于隐喻的写作创造力评估

5.1.1 概述

创造力对于语言写作是十分重要的。具有创造力的写作是指能够表达新颖观点的、高质量的作品[165]。Littlemore 等[166]提及，语言学习者应该创造性地表达他们的想法。一篇具有创造力的文章应该具有深度、美感、想象力等特征[167]。然而，人工评价创造力需要花费很大的代价，并且带有很强的主观色彩，评价者也很难达成一致意见，难以做到完全的公正客观[168-172]。

目前，研究者对创造力的定义和评估尚未达成共识。一些研究者提倡使用 Torrance[172]、Goldin[173]提出的创造力的通用评估标准进行评估；而另一些学者，如 Barron 等[174]、Mastria 等[175]则主张创造力是分领域的，在不同的学科下应该有不同的衡量标准。

隐喻的研究是通过比较两个概念的语义相似性来概念化和构造新术语[1]。一个熟知的、具体的概念时常被隐喻化，用以描述另一个抽象的、未知的、复杂的概念[176-177]。例如，"爱是毒药"。在这个句子中，"爱"是一个抽象的概念，是用"毒药"来表达的，"毒药"是被人所熟知且具体的概念。这句话所要表达的意思是：爱能带给人幸福感，但同样也会让人上瘾。这表明，隐喻的使用会产生生动、新颖、富有想象力的思想和表达方式，因此更加具有创造力[166]。

另外，有关隐喻能力和语言熟练程度的研究也在进行着。Littlemore 等[178]研究了英语学习者文章中的隐喻使用，发现隐喻的使用和语言的水平呈正相关。因此，他们提议将隐喻的使用纳为文章评分的考核标准，其中就包括文章创造力的水平。

目前，相关学者已经尝试从多角度对创造力进行度量，如心理角度[174]、计算语言学的角度[182-183]。然而，目前只有为数不多的学者将隐喻应用于创造力度量方面的研究。Baumer 等[181]将隐喻作为一个可行的研究领域，提出了一种基于计算隐喻识别的创造力评估方法，但只对创造力中的两个指标——独特性和实用性进行了度量。Schaefer[182]提出可以将隐喻作为评估创造力的一种方式。

本书提出了一种通过自动隐喻识别来评估写作创造力的方法，并通过实验验证取得了良好的预测效果。应用本书提出的方法能够减轻人工评价创造力的负荷，并且使得整个评价过程更加公平化、客观化。同时，本书也贡献了一个新颖的数据集，可以为隐喻识别计算创造力的研究提供相关的帮助。

5.1.2 数据集

本书选取了三个数据集来进行实验，分别为学生写作数据、新闻数据和期刊论文数据。数据集的信息如表 5.1 所示。

表 5.1 数据集信息

数据集	分类	数量	数据来源
学生写作	创造力	1230	BAWE 语料库的 D 类
	非创造力	1363	BAWE 语料库的 M 类
新闻	创造力	534	洋葱网
	非创造力	403	其他新闻网
期刊论文	创造力	404	10 个影响力大的期刊
	非创造力	496	9 个影响力小的期刊

1. 学生写作数据

学生写作数据来源于 BAWE——英国学术书面英语语料库。BAWE 语料库涵盖了 35 个学科的 2761 篇经专家评估的文章。作者为本科生和硕士研究生，年龄 18～50 岁，平均年龄为 20.85 岁，标准差为 4.49 年，六成为女性，四成为男性。

其中，英语为母语的作者占到了71%。本书选取了作者信息完整的部分数据，包含580个学生的总计2593篇文章。并参考了Colton[179]提出的5个评估创造力的指标，选取了其中四个对学生写作的数据集进行人工标注，这四个指标为：流畅性、原创性、精巧性、思维开放性。标注的分数为1～4分，其中1代表最低创造力，4代表最高创造力。打分依据和标准如下。

（1）流畅性：根据支持论点的个数来计算。

（2）原创性：根据论文观点的独特性、罕见性来计算。

（3）精巧性：根据所增加的观点的个数来计算。当新增观点超过3个时，标注为4分。特别地，像“有趣地”“的确”等词通常暗示着新观点的出现。

（4）思维开放性：根据多种因素的影响来计算[183]。

由于目前没有任何研究可以证明上述四种指标对创造力影响的贡献有差异，因此本书赋予这四种指标相同的权重进行计算。为了综合考量上述四种指标，对以上四种指标取均值，作为最后的创造力得分。

首先，让4名有多年英语教学经验的外教来对学生写作数据进行打分。他们被分成两组，取每组打分的平均值作为每篇文章的最后分数。特别地，当组内两人打分的差距大于2分时，则由另一组进行打分，并取两组打分的平均值作为最后结果。标注的结果分为两种：D——创造力分数为3或4；M——没有创造力。本书用K值[184]来测量标注的一致性，从数据集中进行随机抽样，对100篇文章进行标注检验，最后得到的结果为K=0.86，说明标注的质量很可靠。

2. 新闻数据

本书使用爬虫技术从各大新闻网站上（the Onion、Huffington Post、Fox News、the Sun、News.com.au）获取了1221篇新闻文章。经分析得知，the Onion的文章更具创造性[185]，因此选取the Onion的文章作为创造力样本，其他的作为非创造力样本。并剔除了少于5句话的文章，最终得到534个创造力文章，403个非创造力文章。

3. 期刊论文数据

实验的论文数据来源于各大期刊网站，并以 PDF 的形式被保存。期刊的影响力度是根据其影响因子来决定的，而越是影响力大的期刊（高水平期刊），对其收录的文章要求也就越高，不管是从写作水平，还是从文章的主题和观点，以及从创造力角度来说，都要超过影响力低的期刊中所收录的文章。这也是业界的普遍共识，影响力大的期刊文章比影响力低的期刊文章更具有创造力。最后选择了 10 个影响力高的期刊和 9 个影响力低的期刊作为本书的期刊论文数据集，其中涉及了各个学科的内容，如数学、物理、计算机科学、生物学以及化学等。

5.1.3 基于隐喻的写作创造力评估方法

本书首先对数据集进行特征提取，包括作者特征、文章特征、隐喻特征以及创造力特征，然后使用基于神经网络的分类方法进行实验。通过消融实验可以证明，通过隐喻特征评估文本创造力是切实可行的，也证明了本书所提出的方法是有效的。

1. 特征提取

特征提取一共分为以下四个部分。

第一部分，作者特征提取。作者的特征是从学生写作数据集中提取的。该数据集中含有丰富的作者信息，而新闻和期刊论文中鲜有涉及。

第二部分，文章特征提取。主要提取的特征有：词数、句子数、段落数。特别地，大多数新闻都只含有一个段落；处理 PDF 文档的文本工具又存在一定的局限性，导致无法提取期刊论文中段落数特征。因此，本书只提取了学生写作数据集中文章段落特征。

第三部分，隐喻特征提取。基于这样的假设——文章中隐喻词的使用能够体现作者的创造力。本书提取了一组隐喻相关的特征来检验它们对创造力识别的作用，并借鉴了 Mao 等[131]提出的基于句子级别的隐喻识别方法。该方法分为四个步骤：第一步，使用连续词袋模型 CBOW 在维基百科上训练词嵌入，得到每一个单词的输入、输出向量。挑出每个句子中的形容词、副词和动词，将它们作为隐喻识别的目标词。第二步，对于每个输入的句子，将目标词和上下文分开，并为每一个目标词初始化一个候选词集合 ω，里面包含了目标词在 WordNet 中的所有同义词和直接上位词。第三步，对于给定的句子和其中的目标词，本书从候选集合 ω 中为其上下文选择最匹配的词。这个过程是通过最大化目标词和其上下文词的余弦相似度来实现的。计算过程如下所示：

$$w^* = \arg\max \cos\left(v_w^{\mathrm{o}}, v_{\mathrm{context}}^{\mathrm{i}}\right) \tag{5.1}$$

式中，$w \in \omega$；v_w^{o}是候选词 w 的输出嵌入向量；$v_{\mathrm{context}}^{\mathrm{i}}$为上下文单词的所有输入向量的平均值。第四步，利用最佳匹配词和目标词的输入嵌入向量来计算余弦相似度。如果相似度低于阈值，则说明目标词为隐喻用法。本书将学生写作数据集中的阈值设置为 0.6，新闻和学术论文数据集中的阈值设置为 0.5，以此来获得最佳精确度。实验提取的隐喻特征有：隐喻词的数量、隐喻词和目标词的比例、每句话中的隐喻词数、每个段落的隐喻词数、学生写作数据中标题的隐喻词数。

第四部分，创造力特征提取。本书以 Karampiperis 等[186]提出的创造力感知的四个指标作为创造力度量标准，它们分别为：新颖性、惊奇性、罕见性、重塑性。

（1）新颖性：给定一个文档集合 S，集合中文档 D_n 的新颖性是它和文档集合之间的距离，计算过程如下所示：

$$N\left(D_n\right) = 2\left|\mathrm{Dist}\left(D_n\right) - \mathrm{Dist}\left(D_s\right)\right| \tag{5.2}$$

式中，$\mathrm{Dist}\left(D_n\right)$是文档 D_n 中词的平均语义距离；$\mathrm{Dist}\left(D_s\right)$是文档集合 S 中词的平均语义距离。

（2）惊奇性：采用 Karampiperis 等[186]提出的方法——文档中相邻碎片间的平均语义距离即为所求结果。计算过程如下所示：

$$S\left(D_n\right)=\frac{2}{|\varphi|-1}\sum_{i=2}^{|\varphi|}\left|D\left(\varphi_i\right)-D\left(\varphi_{i-1}\right)\right| \tag{5.3}$$

式中，$D\left(\varphi_i\right)$为文档D_n的碎片集，$\varphi_i\in\varphi$，$|\varphi|\geqslant 2$。对于只有一个段落的文档，将其按长度随机分成几个部分。

（3）罕见性：文档D_n的罕见性的计算过程如下所示：

$$R\left(D_n\right)=2\frac{\min\left(C_w\left(D_n\right)\right)}{\max\limits_{D_i\in S}\left(\min\left(C_w\left(D_i\right)\right)\right)} \tag{5.4}$$

式中，$\min\left(C_w\left(D_n\right)\right)$为文档$D_n$中术语集群的最小权重闭包中的权重之和。

（4）重塑性：重塑性是通过统计文档术语集群的数量得到的。为了避免不同文档集合之间的差异性，对文档集合中最大数量集群进行归一化，并得到结果，计算过程如下所示：

$$\mathrm{RE}\left(D_n\right)=2\frac{\left|C\left(D_n\right)\right|}{\max\limits_{D_i\in S}\left(\left|C\left(D_i\right)\right|\right)} \tag{5.5}$$

式中，$C\left(D_n\right)$为文档D_n中的集群集合。

2. 统计分析

提取文档所有特征之后，对各个特征间的相关系数进行研究，并使用 Lev[187]提出的点二列相关系数进行标注。选择点二列相关系数是基于选取特征的特点——提取的大多数特征都是连续变量，其中创造力相关特征为二进制变量。计算过程如下所示：

$$r_{\mathrm{pb}}=\frac{\bar{X}_1-\bar{X}_0}{s_X}\sqrt{\frac{N_0-N_1}{N\left(N-1\right)}} \tag{5.6}$$

式中，$\bar{X}_0$和$\bar{X}_1$为被标记为 0 和 1 的样本特征的平均值；N_0和N_1为被标记为 0 和 1 的样本的数量；N为样本总数量；s_X为所有样本特征的标准差。

各特征的统计信息如表 5.2 所示。

表 5.2　特征信息统计表

特征组	特征名	学生作文	新闻	期刊论文
作者	学派风格	−0.0632	—	—
	学科	−0.0125	—	—
	性别	5.2543#	—	—
	母语	−0.0243	—	—
	教育	−0.0144	—	—
文章	词	−0.0195	−0.6756	0.2561
	句子	−0.0577	−0.8370	0.2802
	段落	−0.1395	—	—
	每句的词数	0.0769	0.8279	−0.0231
	每段的词数	0.1928	—	—
	页数	—	—	0.1704
	宏类型	0.0567	—	—
	类别	−0.0253	—	—
隐喻	隐喻标题	0.4929#	—	—
	隐喻词总数	0.0118	−0.6437	0.2332
	隐喻出现的比例	0.0269	−0.3215	−0.0656
	句中隐喻词数	0.1176	0.7364	−0.0098
	段中隐喻词数	0.1757	—	—
创造力度量	新颖性	−0.0463	0.0806	−0.0009
	惊奇性	0.0335	−0.0042	0.1187
	罕见性	0.0449	−0.1338	0.3740
	重塑性	0.0191	−0.1075	0.2578

注：表中的“—”代表在对应的数据集中无法获取该特征；“#”代表卡方检验

3. 创造力分类

本实验进行了十折交叉验证，将训练集中带有特征的所有样本及标签输入一个连接 Keras 的 3 层全连接神经网络上。对性别、母语等离散特征进行独特编码，并使用 Hotelling[188]提出的主成分分析法对离散特征的数量进行降维操作。此网络的损失函数为二进制交叉熵，是用 ADAM 的默认学习率来进行优化的。输入层处理丢失率为 0.2 的输入特征，并初始化一个 128 维的向量作为隐藏层的输入。实验设置了 0.2 的丢失率，并对权重向量的 L_2 范数进行约束，用来避免过拟合。最后，在输出层上使用 sigmoid 函数对输出进行转换操作，得到分类的最终结果。

5.1.4 实验结果及分析

1. 特征提取

本书使用 Ghosal 等[189]提出的基于深度学习的文档新颖性识别方法进行特征提取。采用句子表征的方法，使用卷积神经网络将文本分为新颖和非新颖两个类别。该方法被广泛应用于创造力相关的工作，并取得了很好的效果。下面详细介绍 Ghosal 等[189]提出的这种方法。

该方法共包含四个模块。

（1）embedding 模块——使用最大池化的双向长短期记忆结构的句子编码器来分析每个句子[190]。句子编码器将句子转换为固定大小的向量，实验使用 2048 维的向量来代表每个句子。

（2）comparator 模块——根据句子向量的余弦相似度来给目标文档中的每个句子 a_k 选择最相似的源语句 b_{ij} 。

（3）aggregator 模块——创建对应于目标语句的 RSW。计算过程如下所示：

$$\mathrm{RSV}_k = \left[a_k, b_{ij}, \left| a_k - b_{ij} \right|, a_k b_{ij} \right] \tag{5.7}$$

对 RSV 进行聚合操作，进一步得到目标文档的 RDW，维度为 $N \times 4D$（N 代表目标文档中的句子数量，D 代表句子向量的维度），并使用 Kim[183]提出的方法进行分类。

（4）CNN 模块——将 RDW 输入到此模块，生成隐性特征的映射，再通过最大池化 Softmax 层得到目标文档的全局特征。

2. 分类效果

（1）学生写作数据集的实验效果。

本书使用文章、作者、隐喻、创造力度量四组特征在学生写作数据集上进行实验。结果如表 5.3 所示。

表 5.3　不同特征组的性能

特征组	Acc	F_1
文章	0.6763	0.7153
作者	0.6744	0.7197
隐喻	0.6224	0.6331
创造力度量	0.5549	0.6769

如表 5.3 所示，Acc 结果最高为文章信息特征，其次为作者信息特征。本书使用上述两个特征组作为基本组，并将结合起来的分类结果作为比较的基准（Acc=0.7615，F_1=0.6821），如表 5.4 所示。

不同特征组合对学生写作数据的分类效果如表 5.4 所示。两组特征组合中，文章+隐喻的特征组在 Acc 和 F_1 上都取得了最佳效果。由此得出，引入隐喻特征能够提高创造力评估效果。另外，将创造力度量增加到基本特征组中会降低分类的效果。本书又对 3 组特征进行了所有组合实验，如表 5.4 所示。其中，作者+文章+隐喻特征组合的分类效果最好，其次为文章+隐喻+创造力的特征组合。如实验结果所示，学生写作数据集中，使用文章和作者特征即可准确识别文档的创造力，特别地，引入隐喻特征能够显著提升识别的效果。最后，将所有的特征组融合为一个模型，得到了最佳 Acc 和 F_1。

表 5.4　不同特征组组合在学生写作数据上的预测性能

特征组	Acc	F_1
作者特征+隐喻特征	0.6802	0.7223
文章特征+隐喻特征	0.7013	0.7323
作者特征+创造力度量	0.6724	0.7222
文章特征+创造力度量	0.6809	0.6821
作者特征+文章特征	0.7615	0.6821
作者特征+文章特征+创造力度量	0.6744	0.7121
作者特征+文章特征+隐喻特征	0.7071	0.7441
作者特征+隐喻特征+创造力度量	0.6724	0.7127
文章特征+隐喻特征+创造力度量	0.7013	0.7412
全部特征	0.7111	0.7501

（2）新闻数据集的效果。

本书使用文章、隐喻和创造力三组特征在新闻数据集上进行实验。实验结果如表 5.5 所示。实验结果表明，在文章特征的基础上增加隐喻或创造力的特征组，可进一步提升预测的效果。特别地，隐喻特征对于写作中创造力的评估更有价值，基于文章和隐喻特征组合的预测结果，要优于文章和创造力度量组合的预测结果。最后，将三组特征进行融合，得到了最优的预测效果。

表 5.5　不同特征组组合在新闻数据上的预测性能

特征组	Acc	F_1
文章特征	0.9607	0.9655
文章特征+隐喻特征	0.9702	0.9741
文章特征+创造力度量	0.9613	0.9716
全部特征	0.9833	0.9809

（3）期刊论文数据集的效果。

本书使用文章、隐喻和创造力三组特征在期刊论文数据集上进行实验。实验结果如表 5.6 所示。实验结果表明，在文章特征的基础上引入隐喻或创造力度量会提高预测的效果。特别地，文章+创造力的预测效果会比文章+隐喻的更好。将三组特征融合后，得到了最好的实验效果，结果为 Acc=0.7911，F_1=0.7631。

表 5.6　不同特征组组合在期刊论文数据上的预测性能

特征组	Acc	F_1
文章特征	0.7122	0.6534
文章特征+隐喻特征	0.7456	0.7143
文章特征+创造力度量	0.7556	0.7312
全部特征	0.7911	0.7631

3. 对比实验

本书分别选取了 5 篇具有创造力和 5 篇不具创造力的文档，用于创建 RDW。每个文档中有 14 个句子，句子向量是用 Conneau 等[190]提出的开源工具构建的，它按固定大小（4096 维）进行编码。本书使用 Ghosal 等[189]提出的 CNN 模型，将滤波窗口的大小（h）调整为 2,3,4，每个窗口带有 100 个特征图，并进行 100 次训练迭代。

本书在三个数据集上进行了所有特征组合的实验，并与基础实验进行对比，实验结果如表 5.7 所示。结果表明，本书提出的模型在三个数据集上的实验结果都优于基础实验，这说明本书选取的特征和方法对评估创造力的研究更加有效，原因在于隐喻的特征对于文本创造力的评估是一项关键信息，在文本创造力分类的过程中发挥重要作用。

表 5.7　对比实验结果

方法	标准	学生写作	期刊论文	新闻
本书方法	F_1	0.7512	0.7631	0.9833
	Acc	0.7111	0.7912	0.9809
Ghosal 等[189]的方法	F_1	0.7091	0.6162	0.9641
	Acc	0.5713	0.6441	0.9432

5.2 基于隐喻的心理健康评估

5.2.1 概述

一项网络调查显示，近 2/3 的人表明经常感觉到压力大，并且伴有失眠、记忆力衰退、敏感多疑、焦虑、抑郁等情绪。许多人感到身心难以得到放松，宣泄郁闷的机会越来越少[191]。Prince 等[192]的研究表明，心理问题会对慢性病造成影响。因此，如何对心理问题进行早期检测、预防以及治愈是亟须解决的关键性问题。然而，目前心理健康问题的预测效果不容乐观，相关研究者尝试使用计算机等多种新兴技术来解决心理健康预测的问题。

目前，众多研究者利用自然语言处理技术成功地探索出了精神状况和书面、口头数据之间的联系[193]。Coppersmith 等[194]表示，社交媒体为人的行为和心理健康问题提供了一个可量化的视角，他们从 Twitter 数据集中自动识别出了心理疾病。Benton 等[195]提出应用多任务的学习方法来检测 Twitter 数据集中的多种心理问题。Gkotsis 等[196]探索了 Reddit 文本中句子复杂性的语言特征和文本分类中的用词方法。Trotzek 等[197]应用卷积神经网络对心理健康问题进行了预测。

Billow 等[68]认为，患有精神分裂的患者会使用更加不同寻常的隐喻。有些学者也试图解释语义和心理问题之间的关系[70]。Knapton 等[198]一直致力于强迫症患者的隐喻使用研究。Knapton 等[198]将语域分析应用到语言上，进一步分析隐喻与其上下文的运作方式，他们相信隐喻是多种语言元功能不可分割的组成部分。Charteris[199]研究了抑郁症患者在谈论抑郁症时使用的隐喻词的特点，发现女性在使用某些词来表达某种情感时会有助于心理健康的恢复。Mould 等[71]回顾了隐喻在精神病康复中的作用机制，并证明隐喻的使用能够帮助精神病患者表达自身的想法，更有助于康复。这些研究都证明了隐喻与心理健康之间具有相关性。

Schaefer[182]将文本中的隐喻信息应用于心理问题的预测，但是这种方法又有一定的局限性，只能够预测单一的心理问题。本书提出了一种结合情感度量和隐喻特征，对多种心理问题进行预测的方法，并取得了良好的预测效果。实验结果证明，隐喻的表达和心理、认知的过程是相关联的。同时，本书也提供了一个新颖的、珍贵的数据集给广大研究者，其中包含了英语学习者的文章以及由调查问卷统计的作者的心理健康问题数据。

5.2.2 数据集

本书使用的数据集包括三部分：学生写作数据、心理健康数据以及 eRisk2017 数据集。下面分别对三部分数据集进行介绍。

1. 学生写作数据

大学生作为心理疾病的高发群体，他们的心理活动、真实想法往往能够通过写作的内容得以体现，并且这其中蕴含着大量的隐式表达、隐喻手法等。综合上述原因，本书选取大学生的写作数据作为实验的研究对象。并采用线上和线下的方式招募通过了大学英语四级考试的学生，要求参与者用英语写一篇 500 词左右的作文，并且向参与者郑重承诺，他们的写作内容会被安全地放置在一个加密网络中，所有的文档都经过加密处理，以.txt 的形式存储，并且绝不包含个人信息。

作文的内容分为两个部分：第一部分，学生要描述自己以前的生活；第二部分，学生要描述自己的未来规划，包括理想的生活、对生活的思考、对未来生活的期许以及克服困难的对策等。通过这两部分内容，可以了解到学生的心理状态，这对于检测心理健康问题是至关重要的。根据统计本书共收集到 184 个学生的作文，总共包含 130044 个单词。

2. 心理健康数据

同时，这 184 名学生被要求填写心理健康调查问卷[200]。调查问卷里面含有 22 个类别，共计 96 个问题。本书统计了每份调查问卷的总分、每项筛选指标的分数和标准分、健康问题的等级，以及对潜在健康问题的简短描述。本书主要关注内化的心理问题，如焦虑、抑郁、自卑、敏感、社交恐惧、困扰。详细数据如表 5.8 所示。

表 5.8 学生心理健康数据

问题	学生数量
焦虑	36
抑郁	36
自卑	29
敏感	49
社交恐惧	44
困扰	38

3. eRisk2017 数据集

eRisk2017 是一个致力于检测早期风险的实验室，特别是健康和安全方面。该实验室所使用的数据集是 Reddit 的社交网站的内容（帖子和评论），共包含 135 个有抑郁倾向的用户和 752 个没有抑郁倾向的用户。详见表 5.9 所示。

表 5.9 eRisk2017 数据集

	训练集数量	测试集数量
抑郁	83	52
非抑郁	403	349

训练集中包含 83 个抑郁样本和 403 个非抑郁样本，测试集中包含 52 个抑郁倾向的样本和 349 个非抑郁倾向的样本。每个样本数据中涉及如下几项：

用户 ID、发布日期、标题、类型以及内容。将每个用户的样本按照时间顺序进行排列、存储。

5.2.3 基于隐喻的心理健康评估方法

1. 情感特征提取

本书定义了 10 种情感特征，分别为高兴、注意力、敏感、倾向性、情感极性、积极情感、消极情感、中性情感、平均情感以及连续两句话间情感的差值。下面介绍特征提取的工具和方法。本书使用的是 SenticNet5 版本。SenticNet 是由美国麻省理工学院媒体实验室开发的一个项目，它是通过语义以及语言学来实现极性检测、情感识别等任务，并非是简单地依靠词共现频率。SenticNet 提供了 100000 多个包含语义、情感、记性关联的自然语言概念。其中，语义是指与输入概念最相关的概念。情感包含四个情感维度，分别为：高兴、注意、敏感和天赋。情感值为从-1 到+1 的情感极性值，其中，-1 表示负向情感，+1 表示正向情感。使用 SenticNet 进行情感特征提取时，文本数据会被自然语言处理工具包 NLTK 分割成词的形式，并自动为每个词标记词性，去除停用词。最终得到每个词以及情感类别分数（高兴、注意、敏感和天赋）、情感极性值。类别分数及极性值的均值的计算过程如下所示：

$$P = \frac{\sum_{i=1}^{n} W_i}{n} \tag{5.8}$$

式中，P 代表高兴维度的均值；W_i 代表第 i 个词的高兴维度的值；n 为文本中的句子数。注意，敏感和天赋以及极性值的计算都和高兴维度相似。

SentiStrength 是一个用于学术研究的开源工具，可以用来评估短文本中的情感极性。它有三种评估情感极性的方式，本书选取了第三种方式，即用-4 到+4 的取值来衡量情感极性。使用 SentiStrength 提取情感特征时，首先使用 NLTK 将文档分割成句子，然后使用 SentiStrength 逐句计算文本的情感极性。如果句子的情感分数比 0 大，则认为是积极的，否则视为消极的。特别地，当情感分数为 0 时，定义这个句子的情感为中性。本书分别计算了每篇文章中积极句子、消极句子以及中性句子的数量，作为情感特征的一部分，并使用每篇文章中句子的平均分数作为情感值，计算过程如下所示：

$$E = \frac{\sum_{i=1}^{n} S_i}{n} \tag{5.9}$$

式中，E 代表文本中的情感值；S_i 代表第 i 个句子的情感分数。

对文章中连续两个句子的情感得分做差取绝对值，并以这些值的平均值作为情绪波动值，计算过程如下所示：

$$F = \frac{\sum_{i=2}^{n} \left| S_i - S_{i-1} \right|}{n-1} \tag{5.10}$$

式中，F 代表文本的波动值；S_i 代表第 i 个句子的情感分数。

2. 隐喻特征提取

本书选取了 Mao 等[131]提出的隐喻识别方法进行特征的提取。该方法基于两个假设：假设一，如果句子中词在上下文的意思和它的字面意义不同，则识别为隐喻用法。此假设是基于 Wilks[201]提出的违背选择偏好理论。假设二，在语料库中，词的字面义比它的隐喻义出现得更加频繁[181]。

该方法一共分为四个步骤。

（1）在维基百科上训练词嵌入以获得词的输入输出向量。

（2）对于每一个输入的句子，都将其分为目标词和上下文词（不包括目标词的所有词）的形式，并构建一个候选词集合 W，里面包含了目标词在 WordNet 中的同义词和直接上位词以及派生词。

（3）找到目标词的最佳匹配词，具体计算过程如下所示：

$$w^* = \mathrm{argmaxSIM}\left(v_k, v_{\mathrm{context}}\right) \tag{5.11}$$

式中，$k \in w$，v_k 是经连续词袋模型 CBOW 或 Skip-gram 模型得到的候选词 k 的输入向量；v_{context} 代表上下文词的输入向量的均值。相似度使用向量余弦公式进行计算。

（4）计算最佳匹配词和目标词的余弦相似度，具体计算过程如下所示：

$$\mathrm{SIM}\left(w^*, w_t\right) = \cos\left(v_w^i, v_{w_t}^i\right) \tag{5.12}$$

本书将阈值设定为 0.5。当相似度的值小于给定阈值时，则认为该目标词为隐喻意。

本书提取的隐喻特征有隐喻词的总数量，目标词中隐喻词的比例，目标词中带有积极、消极情感的隐喻词数量，带有情感的隐喻词数量以及平均的情感分数。具体的隐喻识别过程如图 5.1 所示。

3. 预测方法

本书对 6 种心理问题进行了预测，分别为焦虑、抑郁、自卑、敏感、社交恐惧和困扰。本书使用 Keras 搭建的神经网络结构，它是一个高层神经网络应用程序接口，是用 Python 语言编写的，并基于 Tensorflow、Theano 以及 CNTK 后端。它致力于提供快速的实验体验，并且具有界面友好化、模块化、易延展等特点。神经网络的结构为四层，分别是全连接神经网络的输入层、两层隐藏层以及一层输出层。本书将提取的隐喻和情感特征作为输入向量，将两个隐藏层的输出维度设置为 100 和 50，并使用 CReLU 作为激活函数。本书在首个隐藏层前增加了一个损失层，并将损失率设置为 0.4，用以避免过拟合现象的出现。输出层使用 Softmax 激活函数以二维向量的形式输出。经过多次实验尝试，上述参数设置可以在本书的数据集中取得最佳的预测结果。

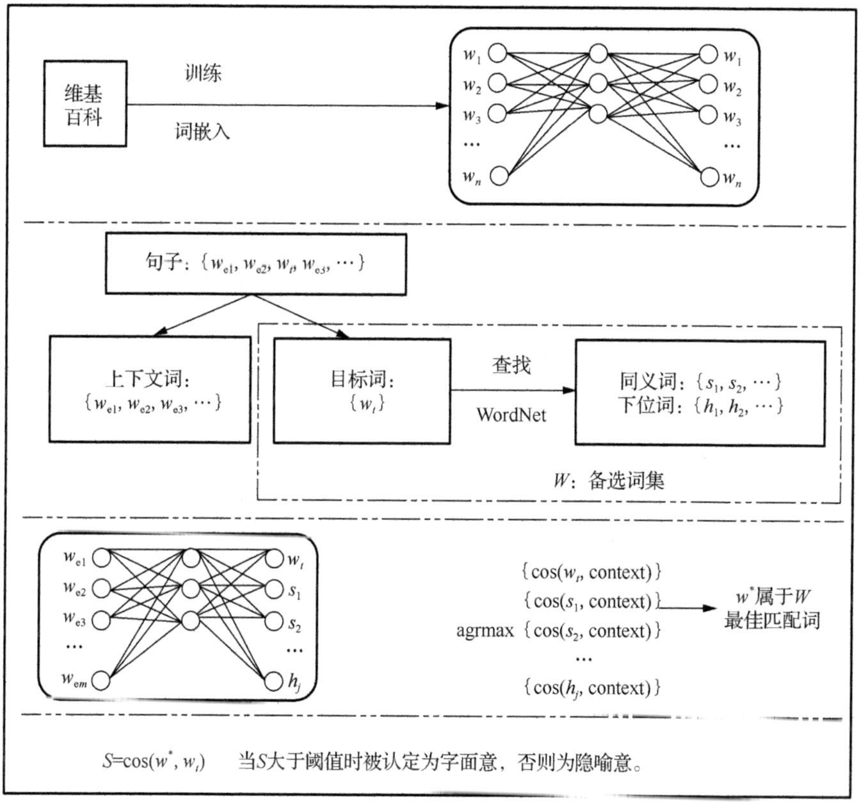

图 5.1　隐喻识别过程

5.2.4　实验结果及分析

本书在两个数据集上进行了实验。对于学生写作数据集，研究其中的内化心理问题。对于 eRisk2017 数据集，研究其中的抑郁心理问题。

1. 统计分析

首先，对心理健康和不健康人的心理进行分析，进一步得出他们语言使用中隐喻表达的不同。在去除了常见词后，对隐喻词出现的频率做了统计。图 5.2 描述了三方面内容：20 个使用频率最高的隐喻词、这 20 个词出现在文本中频率的相关系数、参加者的心理健康状态。

（a）健康学生 （b）问题学生
（c）非抑郁学生 （d）抑郁学生

图 5.2 频率统计

实验结果表明，心理健康的人在文本中使用的 20 个隐喻词与心理健康问题呈负相关。而对于心理不健康的人，则呈正相关。可以看出，不同心理健康状态的人所使用的隐喻表达也有很大区别。

2. 分类结果

（1）抑郁问题。

Trotzek 等[197]在 eRisk2017 数据集上使用了两种预测方法来检测哪些人患有抑郁症。一种方法是逻辑回归（LR），是通过 LIWC、NRC Emotion Lexicon、Opinion Lexicon 和 VADER Sentiment Lexicon 进行特征提取。另一种方法是卷积神经网络。本书复现了这两种方法，并与本书提出的方法进行了对比实验。实验结果如表 5.10 所示。

表 5.10　eRisk2017 数据集上的预测结果

方法		Acc	F_1
Trotzek 等[197]的方法	CNN	0.88	0.59
	LR	0.88	0.69
本书方法	情感	0.81	0.61
	隐喻	0.87	0.56
	情感+隐喻	**0.89**	**0.70**

注：加粗数据表示结果较好的数据，余同

本书首先分别使用情感和隐喻的特征进行实验，然后结合两种特征对抑郁倾向进行预测。实验结果表明，利用本书所提出的情感+隐喻特征组合的方法要优于 Trotzek 等[197]提出的方法，这表明隐喻的特征对于检测抑郁倾向是十分有帮助的。

（2）内化心理问题。

本书在学生写作数据集上进行内化心理问题的预测，包括焦虑、抑郁、自卑、敏感、社交恐惧和困扰六项心理问题。分别使用情感和隐喻的特征来进行实验。实验结果如表 5.11 所示。

实验结果表明，本书提出的方法在六个内化心理问题上的预测结果要比标准实验的更好。其中焦虑、自卑和敏感的预测结果得到了显著的提升。使用隐喻特征能够更好地预测学生的抑郁症患病情况。使用隐喻和情感的特征组合能够更好地预测学生的敏感多疑症状。使用情感特征则能够帮助预测学生的自卑倾向、社交恐惧问题。

表 5.11　学生写作数据集上的预测结果（Acc）

心理问题	CNN[197]	LR[197]	所有特征	情感特征	隐喻特征
焦虑	0.75	0.71	**0.82**	0.81	0.81
抑郁	0.73	0.69	0.75	0.69	**0.77**
自卑	0.78	0.72	0.80	**0.88**	0.75
敏感	0.58	0.62	**0.88**	0.78	0.75
社交恐惧	0.64	0.65	0.71	**0.74**	0.71
困扰	0.68	0.74	**0.78**	0.75	0.75
平均	0.69	0.69	**0.79**	0.77	0.76

在学生写作数据集中，每一个心理问题都影响了近 1/3 的学生。考虑到样本的不平衡性，只使用 Acc 值来进行评估预测得出的结果不十分具有说服力。本书在此基础上增加了对 F_1 值的计算，实验结果如表 5.12 所示。

表 5.12　学生写作数据集上的预测结果（F_1）

心理问题	CNN[197]	LR[197]	所有特征	情感特征	隐喻特征
焦虑	0.57	**0.65**	0.64	0.64	0.64
抑郁	0.50	0.64	**0.67**	0.54	0.61
自卑	0.46	0.63	0.62	**0.71**	0.59
敏感	0.46	0.59	**0.83**	0.70	0.71
社交恐惧	0.47	0.61	0.58	0.57	**0.62**
困扰	0.42	**0.69**	0.66	0.63	0.59
平均	0.48	0.64	**0.67**	0.63	0.63

实验结果表明，使用情感特征能够最好地预测学生的自卑倾向，使用隐喻特征能够有效地预测学生的社交恐惧问题。

综合来看，本书提出的实验方法要优于先前提出的用于检测心理健康疾病的方法。使用本书提出的方法能够显著提升预测的结果。

5.3　本 章 小 结

本章提出了通过隐喻特征评估文本创造力以及预测心理健康的隐喻应用方法。首先提出了一种评估文本写作创造力的计算方法，在隐喻识别的基础上，融合情感等特征，评估文本的创造力。实验结果表明，隐喻表达不仅呈现生动的语言，而且还提供了文章的创造力信息。在此基础上的写作自动评估可以更全面、更深入地对写作水平进行评估。由于相关工作的稀缺性，本章的模型和结果数据集可能有助于计算创造力和相关问题的研究。此外本章还基于隐喻特征，从作文写作方面完成对大学生的心理状态评估，即在识别出隐喻句的基础上，进一步挖掘文本表达所蕴含的情感，通过结合上下文特征，分析和判断隐喻和情感。与此同时，结合大学生心理测评报告结果，开展大学生心理健康问题预测。实验结果表明，使用隐喻特征能够有效地预测心理问题，隐喻表达在文本中提供了心理健康问题的线索。本书希望基于自动隐喻识别的心理健康诊断方法，能够激励那些致力于人类健康和福祉的研究者对其他复杂灵活的语义和认知特征进行进一步的研究。

6 总　　结

6.1 结　　论

针对目前国内外隐喻研究中语义资源稀缺、语义信息利用不足、应用研究缺乏等问题，本书在构建隐喻语料库的基础上，展开隐喻识别研究，并探索隐喻识别方法在不同场景中的应用模式和范例，即从“资源建设”到“识别”，再到“应用”的研究框架。

1. 构建了基于认知语言学指导的隐喻语料库

本书利用自然语言处理技术结合认知语言学理论，建立了一个大规模面向隐喻自动处理的汉语隐喻语料库。提出了基于认知语言学理论的语义描写框架，提出较为完善的隐喻语料收集、标注的方法，并制定规范、合理的标注体系和质量监控。建立以认知语言学为指导并具有较完善质量控制体系的隐喻语义资源，用以满足隐喻计算对语言资源建设的迫切需求，并为后续的隐喻识别及其应用研究奠定基础。

本书提出了一种基于标注者画像和个性化任务分配的新的隐喻标注方法，即注重标注者的个性化特征，结合标注特长和习惯，弹性分配标注任务。同时做到“小众任务优先分配”，根据标注能力分配任务数量，提高标注质量和效率。实验表明，采取基于标注者个性化特征的标注方法可以有效地提升标注质量和速度，充分发挥标注者的经验优势，弹性化的任务分配使得标注质量高的标注者可以获取少许额外的任务量，最大限度地实现标注任务与标注者相匹配。

2. 提出了基于语义资源与深度学习的隐喻识别技术

围绕自然语言中使用比例最大的名词和动词两类隐喻，本书提出了多维度语义表示和深层语义信息的隐喻识别方法。在名词隐喻识别中，提出了基于 BERT 与 Transformer 的模型方法。对于 BERT+Transformer 方法，使用 BERT 模型代替传统的词向量方法，将中文词汇映射为计算机可以识别的数字形式，同时包含词与词之间的位置逻辑关系等信息。然后利用 Transformer 模型从 BERT 模型训练好的向量中进行特征提取，最后通过训练神经网络分类器进行分类。实验证明，本书所提出的模型效果均好于目前常用的主流深度学习算法以及基于人工特征的分类模型。

在动词隐喻识别中，本书提出了一种适用于隐喻分类任务的词语向量表示方法，即在原始词向量的基础上，融合了同义词词林的结构信息，使词向量中能够包含隐喻中所关注的词语抽象度等信息。在此基础上，构建了一种基于主谓宾信息的动词隐喻 Attention 网络，使得在句子进行 LSTM 编码及计算各词权重时，充分考虑到全局的主谓宾信息。在本书构建的隐喻数据集中，模型分类效果超过了现有基于人工特征的分类模型及主流深度学习模型。

3. 提出了基于隐喻的写作创新性评估以及心理健康评估的方法

本书提出了一种评估文本创造力的计算方法，在隐喻识别的基础上，融合情感等特征，评估作者的创新性和创造力。结果表明，隐喻表达不仅呈现生动的语言，而且还提供了文章的创造力信息。在此基础上的写作自动评估系统可以更全面、更深入地理解作者要表达的意思，进而可以提高写作水平评估的有效性。由于相关工作的稀缺性，本书的模型和结果数据集有助于计算创造力和相关问题的研究。

此外，本书从作文写作方面完成对大学生的心理状态评估，在识别出隐喻句的基础上，进一步挖掘文本表达所蕴含的情感，通过结合上下文特征，分析和判断隐喻和情感。与此同时，结合大学生心理测评报告结果，综合开展大学生心理健康问题预测，进而完成基于隐喻的大学生心理健康评估。隐喻作为心理健康预测的深层、复杂和认知特征，通常侧重于浅层语言特征。本书的研究表明，隐喻表达在文本中被广泛使用，它们不仅呈现生动的语言，而且还提供心理健康问题的线索。本书希望这种使用自动隐喻识别的心理健康诊断方法能够及时地预测出人的心理状态，并且可以对其他复杂灵活的语义和认知特征进行进一步的研究。

6.2 创新点

（1）在隐喻语义资源建设方面，提出了基于认知语言学理论的标注框架以及规范、合理、有效的质量监控体系，构建了大规模、高质量、稀缺的中文隐喻语料库，并且提出了一种基于标注者画像和个性化任务分配的隐喻标注方法，依据标注者的个性特征和标注历史数据分配标注任务，同时采取“小众任务优先分配”策略，以保证“小众”任务的标注质量。实验结果表明，所提出的标注方法可以有效地提高隐喻标注质量和效率，为隐喻识别提供必要的语义资源。

（2）在隐喻识别方面，提出了基于 BERT 和 Transformer 模型的名词隐喻识别方法以及基于同义词词林和注意力网络的动词隐喻识别方法。在名词隐喻识别中，使用 BERT 模型替代词向量，在语义表示中同时包含词与词之间的位置关系等信息，利用 Transformer 模型进行特征提取并通过神经网络分类器进行识别。在动词隐喻识别中，首先改进词向量，使其融合了同义词词林的语义信息，包含词语抽象度等信息，构建了一种基于主谓宾句子结构信息的动词隐喻 Attention 网络，使得 LSTM 充分考虑到全局结构信息。实验结果表明，所提出的隐喻识别方法超过了现有基于人工特征的分类模型以及主流的深度学习模型。

参考文献

[1] Lakoff G, Johnson M. Metaphors We Live By[M]. Chicago: The University of Chicago Press, 1980.

[2] Richards I A. The Philosophy of Rhetoric[M]. London: Oxford University Press, 1936.

[3] Gargett A, Barnden J. Modeling the interaction between sensory and affective meanings for detecting metaphor[C]// Proceedings of the Third Workshop on Metaphor in NLP, Denver, Colorado, USA, 2015: 21-30.

[4] Fainsilber L, Ortony A. Metaphorical uses of language in the expression of emotions[J]. Metaphor and Symbol, 1987, 2(4): 239-250.

[5] Kövecses Z. Metaphor: A Practical Introduction[M]. Oxford: Oxford University Press, 2010.

[6] Averill J R. Inner feelings, works of the flesh, the beast within, diseases of the mind, driving force, and putting on a show: Six metaphors of emotion and their theoretical extensions[J]. Metaphors in the History of Psychology, 1990, 3(2): 104-132.

[7] Thibodeau P H, Boroditsky L. Metaphors we think with: The role of metaphor in reasoning[J]. PloS One, 2011, 6(2): e16782.

[8] Malinowski J E, Horton C L. Metaphor and hyperassociativity: The imagination mechanisms behind emotion assimilation in sleep and dreaming[J]. Frontiers in Psychology, 2015(6): 1132.

[9] Jabbi M, Bastiaansen J, Keysers C. A common anterior insula representation of disgust observation, experience and imagination shows divergent functional connectivity pathways[J]. PloS One, 2008, 3(8): e2939.

[10] 林鸿飞，张冬瑜，杨亮，等. 情感隐喻计算及其应用研究[J]. 大连理工大学学报，2015, 55(6): 661-670.

[11] 田嘉，苏畅，陈怡疆. 隐喻计算研究进展[J]. 软件学报, 2015, 26(1): 40-51.

[12] 束定芳. 隐喻学研究[M]. 上海:上海外语教育出版社, 2000.

[13] 林书武. 隐喻研究的基本现状、焦点及趋势[J]. 外国语, 2002(1): 38-45.

[14] 贾玉祥，俞士汶. 基于词典的名词性隐喻识别[J]. 中文信息学报, 2011, 25(2): 99-105.

[15] 张冬瑜，杨亮，郑朴琪，等. 情感隐喻语料库构建与应用[J]. 中国科学:信息科学，2015, 45(12): 1574-1587.

[16] Martin J H. A corpus-based analysis of context effects on metaphor comprehension[J]. Trends in Linguistics Studies and Monographs, 2006, 2: 171-214.

[17] Alsayasneh M, Amer-Yahia S, Gaussier E, et al. Personalized and diverse task composition in crowdsourcing[J]. IEEE Transactions on Knowledge and Data Engineering, 2017, 30(1): 128-141.
[18] Shutova E, Teufel S, Korhonen A. Statistical metaphor processing[J]. Computational Linguistics, 2013, 39(2): 301-353.
[19] Schäffner C. Metaphor and translation: Some implications of a cognitive approach[J]. Journal of Pragmatics, 2004, 36(7): 1253-1269.
[20] Zhou C L, Yang Y, Huang X X. Computational mechanisms for metaphor in languages: A survey[J]. Journal of Computer Science and Technology, 2007, 22(2): 308-319.
[21] Lakoff G, Turner M. More than Cool Reason: A Field Guide to Poetic Metaphor[M]. Chicago: University of Chicago Press, 1989.
[22] Wierzbicka A. Semantic Primitives[M]. Frankfurt: Athenum, 1972.
[23] 李炯英, 李葆嘉. NSM 理论的研究目标、原则和方法[J]. 当代语言学, 2007(1): 68-77.
[24] Wierzbicka A. Semantics, Culture, and Cognition: Universal Human Concepts in Culture-Specific Configurations[M]. Oxford: Oxford University Press, 1992.
[25] Wierzbicka A. Conceptual primes in human languages and their analogues in animal communication and cognition[J]. Language Sciences, 2004, 26(5): 413-441.
[26] Kövecses Z. Metaphor and Emotion: Language, Culture, and Body in Human Feeling[M]. Cambridge: Cambridge University Press, 2003.
[27] Kövecses Z. Metaphors of Anger, Pride and Love: A Lexical Approach to the Structure of Concepts[M]. Amsterdam: John Benjamins Publishing Company, 1986.
[28] Lakoff G, Espenson J, Goldberg A, et al. Master Metaphor List[M]. 2ed. California: University of California, 1991.
[29] Goatly A. Humans, animals, and metaphors[J]. Society & Animals, 2006, 14(1): 15-37.
[30] Lonneker-Rodman B. The hamburg metaphor database project: Issues in resource creation[J]. Language Resources and Evaluation, 2008, 42(3): 293-318.
[31] Steen G J, Dorst A G, Herrmann J B, et al. VU Amsterdam Metaphor Corpus[M]. Springer, Dordrecht: Handbook of Linguistic Annotation, 2017, 2(3):1053-1071.
[32] Mohler M, Brunson M, Rink B, et al. Introducing the LCC metaphor datasets[C]//LREC, 2016: 4221-4227.
[33] Parde N, Nielsen R. A corpus of metaphor novelty scores for syntactically-related word pairs[C]//LREC, Miyazaki, Japan, 2018: 1535-1540.

[34] Klebanov B B, Leong C W B, Flor M. A corpus of non-native written english annotated for metaphor[C]// Proceedings of the 2018 Conference of the North American Chapter of the Association for Computational Linguistics: Human Language Technologies, 2018(2): 86-91.

[35] Jia Y X, Zan H, Fan M, et al. Word relevance computation for noun-noun metaphor recognition[C]//Workshop on Chinese Lexical Semantics, Springer, Cham, 2014: 251-259.

[36] 李剑锋，杨芸，周昌乐. 面向隐喻计算的语料库研究和建设[J]. 心智与计算，2007(1): 142-146.

[37] Fass D. A method for discriminating metonymy and metaphor by computer[J]. Computational Linguistics, 1991, 17(1): 49-90.

[38] Wilks Y. A preferential pattern-seeking semantics for natural language inference[J]. Artificial Intelligence, 1975, 6(1): 53-74.

[39] Wilks Y, Dalton A, Allen J, et al. Automatic metaphor detection using large-scale lexical resources and conventional metaphor extraction[C]//Proceedings of the First Workshop on Metaphor in NLP, Atlanta, Georgia, 2013: 36-44.

[40] Strzalkowski T, Shaikh S, Cho K, et al. Computing Effect in Metaphors[J]. Communications of the ACM, 2008, 57(1): 107-113.

[41] Florou E. Detecting metaphor by contextual analogy[C]//51st Annual Meeting of the Association for Computational Linguistics, Sofia, Bulgaria, 2013: 23-30.

[42] Rentoumi V, Vouros G A, Karkaletsis V, et al. Investigating metaphorical language in sentiment analysis: A sense-to-sentiment perspective[J]. ACM Transactions on Speech and Language Processing, 2012, 9(3): 6.

[43] Gandy L, Allan N, Atallah M, et al. Automatic identification of conceptual metaphors with limited knowledge[C]//Twenty-Seventh AAAI Conference on Artificial Intelligence, 2013: 328-334.

[44] Shutova E. Models of metaphor in NLP[C]//Proceedings of the 48th Annual Meeting of the Association for Computational Linguistics. Association for Computational East Linguistics, Stroudsburg, 2010: 688-697.

[45] Shutova E. Design and evaluation of metaphor processing systems[J]. Computational Linguistics, 2015, 41(4): 579-623.

[46] 林鸿飞，许侃，任惠.基于词汇范畴和语义相似的显性情感隐喻识别机制[J]. 大连理工大学学报, 2012(5): 761-766.

[47] Kozareva Z. Multilingual affect polarity and valence prediction in metaphor-rich texts[C]//51st Annual Meeting of the Association for Computational Linguistics, Sofia, Bulgaria, 2013: 682-691.

[48] Shutova E, van de Cruys T, Korhonen A. Unsupervised metaphor paraphrasing using a vector space model[C]//The 24th International Conference on Computational Linguistics, Mumbai, India, 2012: 1121-1130.

[49] Pechlivanis K, Konstantopoulos S. Corpus based methods for learning models of metaphor in modern greek[C]//International Conference on Statistical Language and Speech Processing, Springer, Cham, 2015: 219-228.

[50] Zhang L, Barnden J. Affect and metaphor sensing in virtual drama[J]. International Journal of Computer Games Technology, 2010, 5(3): 512-563.

[51] Mikolov T, Sutskever I, Chen K, et al. Distributed representations of words and phrases and their compositionality[C]//Advances in Neural Information Processing Systems, 2013: 3111-3119.

[52] Rothe S, Schütze H. AutoExtend: Extending word embeddings to embeddings for synsets and lexemes[C]//Proceedings of the 53rd Annual Meeting of the Association for Computational Linguistics. Association for Computational Linguistics, Beijing, China, arXiv preprint arXiv:1507.01127, 2015.

[53] Mohler M, Rink B, Bracewell D, et al. A novel distributional approach to multilingual conceptual metaphor recognition[C]//Proceedings of the 25th International Conference on Computational Linguistics: Technical Papers, Dublin, Ireland, 2014: 1752-1763.

[54] Su C, Huang S, Chen Y. Context-dependent metaphor interpretation based on semantic relatedness[C]//Natural Language Processing and Chinese Computing, 2015: 182-193.

[55] Zhang W, Gelernter J. Exploring metaphorical senses and word representations for identifying metonyms[J]. arXiv preprint arXiv:1508.04515, 2015.

[56] Mikolov T, Karafiát M, Burget L, et al. Recurrent neural network based language model[C]//Eleventh annual conference of the international speech communication association, 2010: 1045-1048.

[57] Li N, Wu D D. Using text mining and sentiment analysis for online forums hotspot detection and forecast[J]. Decision Support Systems, 2010, 48(2): 354-368.

[58] Xu K, Liao S S, Li J, et al. Mining comparative opinions from customer reviews for competitive intelligence[J]. Decision Support Systems, 2011, 50(4): 743-754.

[59] Qiu G, He X, Zhang F, et al. DASA: Dissatisfaction-oriented advertising based on sentiment

analysis[J]. Expert Systems with Applications, 2010, 37(9): 6182-6191.

[60] Danesi M. The role of metaphor in second language pedagogy[J]. Rassegna Italianna di Linguistca Applicata, 1986, 18(3): 1-10.

[61] 孙岚. 概念隐喻的连贯性和系统性对英语教学的影响[J]. 外语学刊, 2015(1): 120-123.

[62] 薛芬，韩百敬. 隐喻视角下的英语专业学生自我认同建构研究[J]. 语言教育，2015(1): 54-59.

[63] Page E B. Computer grading of student prose, using modern concepts and software[J]. The Journal of Experimental Education, 1994, 62(2): 127-142.

[64] Attali Y. Exploring the feedback and revision features of criterion[J]. National Council on Measurement in Education, 2004, 5:191-205.

[65] Rudner L M, Garcia V, Welch C. An evaluation of IntelliMetric™ essay scoring system[J]. The Journal of Technology, Learning and Assessment, 2006, 4(4): 1-21.

[66] 石晓玲. 在线写作自动评改系统在大学英语写作教学中的应用研究——以句酷批改网为例[J]. 现代教育技术, 2012, 22(10): 67-71.

[67] Enckell H. Reflection in psychoanalysis: On symbols and metaphors[J]. The International Journal of Psychoanalysis, 2010, 91(5): 1093-1114.

[68] Billow R M, Rossman J, Lewis N, et al. Observing expressive and deviant language in schizophrenia[J]. Metaphor and Symbol, 1997, 12(3): 205-216.

[69] Tay D. The nuances of metaphor theory for constructivist psychotherapy[J]. Journal of Constructivist Psychology, 2017, 30(2): 165-181.

[70] Benedek M, Beaty R, Jauk E, et al. Creating metaphors: The neural basis of figurative language production[J]. NeuroImage, 2014(90): 99-106.

[71] Mould T J, Oades L G, Crowe T P. The use of metaphor for understanding and managing psychotic experiences: A systematic review[J]. Journal of Mental Health, 2010, 19(3): 282-293.

[72] Lazard A J, Bamgbade B A, Sontag J M, et al. Using visual metaphors in health messages: A strategy to increase effectiveness for mental illness communication[J]. Journal of Health Communication, 2016, 21(12): 1260-1268.

[73] Gutierrez E D, Cecchi G, Corcoran C, et al. Using automated metaphor identification to aid in detection and prediction of first-episode schizophrenia[C]//Copenhagen, Denmark:Proceedings of the 2017 Conference on Empirical Methods in Natural Language Processing(EMNLP2017), 2017: 2923-2930.

[74] 赖可夫，约翰森. 我们所依存的隐喻[J]. 刘宁生，译. 当代修辞学, 1992(6):7-9.

[75] 赵艳芳. 语言的隐喻认知结构——《我们赖以生存的隐喻》评介[J]. 外语教学与研究, 1995(3): 67-72.
[76] 李美, 彭建武. 国内概念隐喻研究现状及发展趋势[J]. 现代语文, 2014(11): 10-14.
[77] 王琳, 王小潞. 隐喻的多维研究趋势[J]. 社会科学家, 2012(5): 147-151.
[78] Fisher W D. On grouping for maximum homogeneity[J]. Publications of the American Statistical Association, 1958, 53(284): 789-798.
[79] Spärck Jones K. A statistical interpretation of term specificity and its application in retrieval[J]. Journal of Documentation, 1972, 28(1): 11-21.
[80] Blei D, Ng A, Jordan M. Latent Dirichlet allocation[J]. Journal of Machine Learning Research, 2003(3): 993-1022.
[81] 周光明. 谈谈英语的明喻和暗喻[J]. 湖北师范学院学报(哲学社会科学版), 1983(2): 74-84.
[82] 束定芳. 论隐喻的本质及语义特征[J]. 上海外国语大学学报, 1998(6): 10-19.
[83] 范文芳. 名词化隐喻的语篇衔接功能[J]. 外语研究, 1999(1): 9-12.
[84] 苗兴伟, 廖美珍. 隐喻的语篇功能研究[J]. 外语学刊, 2007(6): 51-55.
[85] 刘正光. 莱柯夫隐喻理论中的缺陷[J]. 外语与外语教学, 2001(1): 25-29.
[86] 张全生. 中国隐喻研究十年综述[J]. 新疆师范大学学报(哲学社会科学版), 2004, 25(3): 174-176.
[87] 孙毅. 当代隐喻学在中国(1994～2013)——一项基于 CSSCI 外国语言学来源期刊的文献计量研究[J]. 西安外国语大学学报, 2015, 23(3): 17-22.
[88] 赵秀凤. 概念隐喻研究的新发展——多模态隐喻研究[J]. 外语研究, 2011(1): 1-10.
[89] 冯德正.多模态隐喻的构建与分类——系统功能视角[J]. 外语研究, 2011(1): 24-28.
[90] 周运会, 吴世雄.国外语料库隐喻研究综述[J]. 外语学刊, 2015(1): 72-78.
[91] 刘丰, 张群. 对国外隐喻语料库研究方法的辩证分析[J]. 河南理工大学学报(社会科学版), 2014(3): 310-314.
[92] 王亮, 张绍武, 丁堃, 等. 基于 HDP 的汽车专利主题演化研究[J]. 情报学报, 2014, 33(9): 944-951.
[93] 谭卫国. 英语隐喻的分类、理解与翻译[J]. 中国翻译, 2007(6): 42-46.
[94] 徐知媛, 王小潞. 隐喻研究的多维视角——《隐喻与思维(剑桥手册)》述评[J]. 外国语(上海外国语大学学报), 2010, 33(5): 87-90.
[95] 程同春. 英语隐喻的思考与翻译[J]. 中国科技翻译, 2005, 18(2): 36-40.
[96] 陈道明. 隐喻与翻译——认知语言学对翻译理论研究的启示[J]. 外语与外语教学, 2002(9): 40-50.

[97] 王斌. 概念整合与翻译[J]. 中国翻译, 2001, 22(3): 17-20.
[98] 魏在江. 隐喻与文学语篇的建构[J]. 外语与外语教学, 2008(3):14-16.
[99] 王炳社. 文学隐喻概说[J]. 渭南师范学院院报, 2010, 25(1): 61-65.
[100] 束定芳. 论隐喻的运作机制[J]. 外语教学与研究, 2002, 34(2): 98-106.
[101] 束定芳. 从隐喻研究看认知语言学、修辞学和语用学之间的相互关系及启发[J]. 福建师范大学学报(哲学社会科学版), 2013(5): 44-50.
[102] 谢之君. 隐喻:从修辞格到认知[J]. 外语教学与研究, 2000(3): 9-12.
[103] 张松松. 当代隐喻理论研究的回顾与分类思考[J]. 外国语言文学(季刊), 2013(3): 145-152.
[104] 李福印. 概念隐喻理论和存在的问题[J]. 中国外语, 2005, 2(4): 21-28.
[105] Fauconnier G, Turner M. Conceptual integration networks[J]. Cognitive Science, 2010, 22(2): 133-187.
[106] 苏晓军, 张爱玲. 概念整合理论的认知力[J]. 外国语, 2001(3): 31-36.
[107] 王勤玲. 概念隐喻理论与概念整合理论的对比研究[J]. 外语学刊, 2005(1): 42-46.
[108] 库恩. 科学革命的结构[J]. 刘海洋, 译. 世界建筑, 2018(12):127.
[109] 郭涵宁. 多元科学指标视角下的新兴研究领域识别探索[D]. 大连:大连理工大学, 2013.
[110] 孙晓玲, 林鸿飞. 合作网络视角下的学科演化模型[J]. 情报学报, 2014, 33(9): 936-943.
[111] 王济川. Logistic 回归模型:方法与应用[M]. 北京:高等教育出版社, 2001.
[112] Mihalcea R, Tarau P. TextRank: Bringing order into text[C]// Proceedings of the EMNLP2004, 2004: 404-411.
[113] Shutova E, Teufel S. Metaphor corpus annotated for source-target domain mappings[C]// LREC, Malta, 2010: 3255-3261.
[114] Martin H. Metabank: A knowledge-base of metaphoric language conventions[J]. Computational Intelligence, 1994(10): 134-149.
[115] John B, Glasbey S, Lee M, et al. Reasoning in metaphor understanding[C]//Association for Computational Linguistics, Philadelphia, 2002: 1-5.
[116] Group P. MIP: A method for identifying metaphorically used words in discourse[J]. Metaphor and Symbol, 2007, 22(1): 1-39.
[117] Hardie A, Koller V, Rayson P, et al. Exploiting a semantic annotation tool for metaphor analysis[C]// Proceedings of the Corpus Linguistics Conference, Birmingham, UK, 2007: 1-12.
[118] Shaikh S, Strzalkowski T, Liu, T, et al. A multi-cultural repository of automatically discovered linguistic and conceptual metaphors[C]//LREC, 2014: 2495-2500.

[119] Shutova E, Devereux B J, Korhonen A. Conceptual metaphor theory meets the data: A corpus-based human annotation study[J]. Language Resources and Evaluation, 2013, 47(4): 1261-1284.

[120] Ana O S. Like an animal I was treated: Anti-immigrant metaphor in US public discourse[J]. Discourse and Society, 1999, 10(2): 191-224.

[121] Low G D, Todd Z, Deignan A, et al. Researching and Applying Metaphor in the Real World[M]. Amsterdam: John Benjamins, 2010: 209-244.

[122] Klebanov B B, Flor M. Argumentation-relevant metaphors in test-taker essays[C]// Proceedings of the First Workshop on Metaphor in NLP, 2013: 11-20.

[123] Mohammad S M, Ekaterina S, Turney P D. Metaphor as a medium for emotion: An empirical study[C]// Proceedings of the Fifth Joint Conference on Lexical and Computational Semantics, Berlin, Germany, 2016: 23-33.

[124] Yonghong K E, Shiwen Y U, Zhifang S, et al. Research on corpus annotation method based on collective intelligence[J]. Journal of Chinese Information Processing, 2017, 31(4): 108-113.

[125] Plutchik R. A psychoevolutionary theory of emotion[J]. Emotion Theory Research & Experience, 2000, 21(4/5): 529-553.

[126] Ekman P, Friesen W V. Constants across cultures in the face and emotion[J]. Journal of Personality and Social Psychology, 1971, 17(2): 124.

[127] Kelly J R. Mood and emotion in groups[J]. Blackwell Handbook of Social Psychology: Group Processes, 2001, 3(2): 164-181.

[128] 张辉. 汉英情感概念形成和表达的对比研究[J]. 外国语(上海外国语大学学报), 2000(5):27-32.

[129] Driscoll M, Bia A, Kumar A, et al. TEI: Guidelines for electronic text encoding and interchange[J]. TEI Consortium, 2007 (2): 285-297.

[130] Levenshtein V I. Binary codes capable of correcting deletions, insertions, and reversals[J]. Cybernetics and Control Theory, 1966, 10(8): 707-710.

[131] Mao R, Lin C, Guerin F. Word embedding and WordNet based metaphor identification and interpretation[C]// Proceedings of the 56th Annual Meeting of the Association for Computational Linguistics. Association for Computational Linguistics, 2018:1-10.

[132] Jang H, Moon S, Jo Y, et al. Metaphor detection in discourse[C]// Proceedings of the 16th Annual Meeting of the Special Interest Group on Discourse and Dialogue, New York, USA, 2015: 384-392.

[133] Rai S, Chakraverty S, Tayal D K, et al. A study on impact of context on metaphor detection[J]. The Computer Journal, 2018, 61(11): 1667-1682.

[134] Do Dinh E L, Gurevych I. Token-level metaphor detection using neural networks[C]//Proceedings of the Fourth Workshop on Metaphor in NLP, San Diego, California, 2016: 28-33.

[135] Sun S, Xie Z. Bilstm-based models for metaphor detection[C]//National CCF Conference on Natural Language Processing and Chinese Computing(NLPCC2017), Dalian, China, 2017: 431-442.

[136] 汪梦翔, 饶琪, 顾澄. 汉语名词的隐喻知识表示及获取研究[J]. 中文信息学报, 2017, 31(6): 1-9.

[137] Bizzoni Y, Ghanimifard M. Bigrams and BiLSTMs two neural networks for sequential metaphor detection[C]//Proceedings of the Workshop on Figurative Language Processing, 2018: 91-101.

[138] Gao G, Choi E, Choi Y, et al. Neural metaphor detection in context[J]. arXiv preprint arXiv:1808.09653, 2018.

[139] Vaswani A, Shazeer N, Parmar N, et al. Attention is all you need[C]//Advances in Neural Information Processing Systems, 2017: 5998-6008.

[140] Hinton G E, Krizhevsky A, Wang S D. Transforming auto-encoders[C]//International Conference on Artificial Neural Networks, Springer, Berlin, Heidelberg, 2011: 44-51.

[141] Moriya S, Shibata C. Transfer learning method for very deep CNN for text classification and methods for its evaluation[C]//IEEE Computer Software & Applications Conference, 2018: 153-158.

[142] Li C, Zhan G, Li Z. News text classification based on improved Bi-LSTM-CNN[C]//The 9th International Conference on Information Technology in Medicine and Education (ITME), 2018: 890-893.

[143] Maldonado S, López J. Dealing with high-dimensional class-imbalanced datasets: Embedded feature selection for SVM classification[J]. Applied Soft Computing, 2018(67): 94-105.

[144] Zhao W, Ye J, Yang M, et al. Investigating capsule networks with dynamic routing for text classification[J]. arXiv preprint arXiv:1804.00538, 2018.

[145] D'Hanis I. A logical approach to the analysis of metaphors[M]//Logical and Computational Aspects of Model-based Reasoning, Amsterdam: Springer, 2002: 21-37.

[146] Steinhart E. The Logic of Metaphor: Analogous Parts of Possible Worlds[M]. Springer: Springer Science & Business Media, 2001.

[147] Shutova E, Sun L, Korhonen A. Metaphor identification using verb and noun clustering[C]//Proceedings of the 23rd International Conference on Computational Linguistics. Association for Computational Linguistics, 2010: 1002-1010.

[148] Turney P D, Neuman Y, Assaf D, et al. Literal and metaphorical sense identification through concrete and abstract context[C]//Proceedings of the 2011 Conference on Empirical Methods in Natural Language Processing, 2011: 27-31.

[149] Xu J, Yu J S. Identifying english verb metaphors using statistical and clustering approaches[J]. International of Knowledge and Language Processing, 2012, 3(1): 15-27.

[150] Klebanov B B, Leong C W, Gutierrez E D, et al. Semantic classifications for detection of verb metaphors[C]// Proceedings of the 54th Annual Meeting of the Association for Computational Linguistics, 2016: 101-106.

[151] Köper M, im Walde S S. Improving verb metaphor detection by propagating abstractness to words, phrases and individual senses[C]// Proceedings of the 1st Workshop on Sense, Concept and Entity Representations and their Applications, 2017: 24-30.

[152] 刘晗. 基于 Hownet 和 Verbnet 的中文动词性隐喻识别[D]. 厦门: 厦门大学, 2014: 1-63.

[153] Heintz I, Gabbard R, Srivastava M, et al. Automatic extraction of linguistic metaphors with lda topic modeling[C]// Proceedings of the First Workshop on Metaphor in NLP, 2013: 58-66.

[154] Jia Y, Yu S. Unsupervised Chinese verb metaphor recognition based on selectional preferences[C]//Proceedings of the 22nd Pacific Asia Conference on Language, Information and Computation, 2008: 207-214.

[155] 白振凯, 黄孝喜, 王荣波, 等. 基于主题模型的汉语动词隐喻识别[J]. 计算机技术与发展, 2016, 26(11): 67-71.

[156] 赵红艳, 曲维光, 张芬, 等. 基于机器学习与语义知识的动词隐喻识别[J]. 南京师范大学学报(工程技术版), 2011, 11(3): 59-64.

[157] Kintsch W. Metaphor comprehension: A computational theory[J]. Psychonomic bulletin & review, 2000, 7(2): 257-266.

[158] Mikolov T, Chen K, Corrado G, et al. Efficient estimation of word representations in vector space[J]. arXiv preprint arXiv:1301.3781, 2013: 1-12.

[159] Bojanowski P, Grave E, Joulin A, et al. Enriching word vectors with subword information[J]. Transactions of the Association for Computational Linguistics, 2017(5): 135-146.

[160] Glorot X, Bordes A, Bengio Y. Deep sparse rectifier neural networks[C]//Proceedings of the Fourteenth International Conference on Artificial Intelligence And Statistics, 2011: 315-323.

[161] Yang Z, Yang D, Dyer C, et al. Hierarchical attention networks for document classification[C]//Proceedings of the 2016 Conference of the North American Chapter of the Association for Computational Linguistics: Human Language Technologies, 2016: 1480-1489.

[162] Kim Y. Convolutional neural networks for sentence classification[J]. arXiv preprint arXiv:1408.5882, 2014.

[163] Hochreiter S, Schmidhuber J. Long short-term memory[J]. Neural Computation, 1997, 9(8): 1735-80.

[164] 黄孝喜, 李晗雨, 王荣波, 等. 基于卷积神经网络与SVM分类器的隐喻识别[J]. 数据分析与知识发现, 2018, 2(10): 77-83.

[165] Ibnian S S K. The effect of using the story-mapping technique on developing tenth grade students' short story writing skills in EFL[J]. English Language Teaching, 2010, 3(4): 181-194.

[166] Littlemore J, Low G D. Figurative Thinking and Foreign Language Learning[M]. Springer: Springer-Verlag, 2006.

[167] Sharpies M. How We Write: Writing as Creative Design[M]. New York: Routledge, 1999.

[168] Breland H M. The direct assessment of writing skill: A measurement review[J]. ETS Research Report Series, 1983(2): 11-23.

[169] Huot B. Toward a new theory of writing assessment[J]. College Composition and Communication, 1996, 47(4): 549-566.

[170] Meadows M, Billington L. A review of the literature on marking reliability[J]. Unpublished AQA report produced for the National Assessment Agency, 2005, 2(3): 22-38

[171] Leeuw J D. Rubrics and exemplars in writing assessment[M]//Leadership of Assessment, Inclusion, and Learning. Springer: Springer International Publishing, 2016.

[172] Torrance E P. Torrance Tests of Creative Thinking[M]. Bensenville: Scholastic Testing Services, 1990.

[173] Goldin G A. Mathematical creativity and giftedness: Perspectives in response[J]. ZDM, 2017, 49(1): 147-157.

[174] Barron F, Harrington D M. Creativity, intelligence, and personality[J]. Annual Review of Psychology, 2003, 32(1): 439-476.

[175] Mastria S, Agnoli S, Zanon M, et al. Creative brain, creative mind, creative person[J]. Exploring Transdisciplinarity in Art and Sciences, 2018, 8(2): 3-29.

[176] Cameron L, Maslen R. Identifying metaphors in discourse data[J]. Metaphor Analysis: Research Practice in Applied Linguistics, Social Science and the Humanities, 2010, 5(3): 97-115.

[177] Wiggins G A. Searching for computational creativity[J]. New Generation Computing, 2006, 24(3): 209-222.

[178] Littlemore J, Krennmayr T, Turner J, et al. An investigation into metaphor use at different levels of second language writing[J]. Applied Linguistics, 2013, 35(2): 117-144.

[179] Colton S, Wiggins G A. Computational creativity: The final frontier?[C]//ECAI, 2012: 21-26.

[180] O' Neill B, Riedl M. Dramatis: A computational model of suspense[C]//Twenty-Eighth AAAI Conference on Artificial Intelligence, 2014: 944-950.

[181] Baumer E P S, Tomlinson B, Richland L E, et al. Fostering metaphorical creativity using computational metaphor identification[C]//Proceedings of the Seventh ACM Conference on Creativity and Cognition, Berkeley, 2009, (2): 315-324.

[182] Schaefer C E. Manual for the Biographical Inventory Creativity(BIC)[M]. San Diego: Educational and Industrial Testing Service, 1970.

[183] Kim K H. Can we trust creativity tests? A review of the Torrance Tests of Creative Thinking (TTCT)[J]. Creativity Research Journal, 2006, 18(1): 3-14.

[184] Siegel S. Nonparametric statistics for the behavioral sciences[J]. Social Service Review, 1956, 312(1): 99-100.

[185] Chiru C G. Creativity detection in texts[J]. ICIW 2013: The Eighth International Conference on Internet and Web Applications and Services, 2013, 26(3): 174-180.

[186] Karampiperis P, Koukourikos A, Koliopoulou E. Towards machines for measuring creativity: The use of computational tools in storytelling activities[C]//2014 IEEE 14th International Conference on Advanced Learning Technologies, 2014: 508-512.

[187] Lev J. The point biserial coefficient of correlation[J]. The Annals of Mathematical Statistics, 1949, 20(1): 125-126.

[188] Hotelling H. Analysis of a complex of statistical variables into principal components[J]. Journal of Educational Psychology, 1933, 24(6): 498-520.

[189] Ghosal T, Edithal V, Ekbal A, et al. Novelty goes deep: A deep neural solution to document level novelty detection[C]//Proceedings of the 27th International Conference on Computational Linguistics, 2018: 2802-2813.

[190] Conneau A, Kiela D, Schwenk H, et al. Supervised learning of universal sentence representations from natural language inference data[J]. arXiv preprint arXiv:1705.02364, 2017.

[191] 郭敏. 广义问题解决视野下的心理健康研究[D]. 武汉:武汉大学, 2012.

[192] Prince M, Patel V, Saxena S, et al. No health without mental health[J]. Thelancet, 2007, 370(9590): 859-877.

[193] Arseniev-Koehler A, Mozgai S, Scherer S. What type of happiness are you looking for? A closer look at detecting mental health from language[C]//Proceedings of the Fifth Workshop on Computational Linguistics and Clinical Psychology: From Keyboard to Clinic, 2018: 1-12.

[194] Coppersmith G, Dredze M, Harman C. Quantifying mental health signals in Twitter[C]// Proceedings of the Workshop on Computational Linguistics and Clinical Psychology: From Linguistic Signal to Clinical Reality, 2014: 51-60.

[195] Benton A, Mitchell M, Hovy D. Multi-task learning for mental health using social media text[J]. arXiv preprint arXiv: 1712.03538, 2017.

[196] Gkotsis G, Oellrich A, Hubbard T, et al. The language of mental health problems in social media[C]//Proceedings of the Third Workshop on Computational Lingusitics and Clinical Psychology, 2016: 63-73.

[197] Trotzek M, Koitka S, Friedrich C M. Utilizing neural networks and linguistic metadata for early detection of depression indications in text sequences[J]. IEEE Transactions on Knowledge and Data Engineering, 2018(3): 1-14.

[198] Knapton O, Rundblad G. Metaphor, discourse dynamics and register: Applications to written descriptions of mental health problems[J]. Text & Talk, 2018, 38(3): 389-410.

[199] Charteris B J. Shattering the bell jar: Metaphor, gender, and depression[J]. Metaphor and Symbol, 2012, 27(3): 199-216.

[200] Fang X, Yuan X, Wei H U, et al. The development of college students mental health screening scale[J]. Studies of Psychology & Behavior, 2018, 16(1): 111-118.

[201] Wilks Y. Making preferences more active[J]. Artificial Intelligence, 1978, 11(3): 197-223.